中國文化路向問題的新檢討

勞思光 著　　　東大圖書公司 印行

國立中央圖書館出版品預行編目資料

中國文化路向問題的新檢討／勞思光
著.--初版.--臺北市：東大發行：
三民總經銷，民82
　　　面；　　公分.--（滄海叢刊）
ISBN 957-19-1470-3（精裝）
ISBN 957-19-1471-1（平裝）

1.中國一文化

541.262　　　　　　　　　82000442

© 中國文化路向問題的新檢討

著　者　勞思光
發行人　劉仲文
著作財
產權人　東大圖書股份有限公司
總經銷　三民書局股份有限公司
印刷所　東大圖書股份有限公司
　　　　地址／臺北市重慶南路一段
　　　　　　　六十一號二樓
　　　　郵撥／〇一〇七一七五——〇號
初　版　中華民國八十二年
編　號　E 54084①
基本定價　伍元捌角
行政院新聞局登記證局版臺業字第〇一九七號

有著作權‧不准侵害

ISBN 957-19-1470-3（精裝）

中國文化路向問題的新檢討

目　　次

第一講：總　　說

一、釋題 ……………………………………………………… 3

　（一）文化 ………………………………………………… 3

　（二）路向 ………………………………………………… 4

二、理論設準 ………………………………………………… 5

　（一）價值世界與歷史情境之劃分 …………………… 5

　（二）發生歷程與內含品質之劃分 …………………… 7

　（三）理論陳述之功能問題與語言級序問題 …… 10

三、檢討之目的 …………………………………………… 15

第二講：中國文化路向問題之形成與演變

一、方法論的立場 ………………………………………… 19

(一) 文化的二重結構觀 ……………………19

(二) 在方法論上脫離兩個常用的模型 ………20

  1. 絕對主義模型……………………21

  2. 工具主義模型……………………22

二、內在歷史脈絡……………………23

(一) 思想……………………25

  1. 「轉化」意識……………………26

  2. 「克服」要求……………………28

(二) 社會運作及結構 ……………………32

  1. 政治：君主制度……………………32

  2. 經濟：小農經濟……………………33

  3. 社會：家族實體……………………34

三、外在歷史脈絡……………………36

(一) 現代文化之理念特性……………………36

  1. 工具理性與效率觀念……………………36

  2. 規則德性與品質德性……………………38

  3. 個體觀念與自由觀念……………………39

  4. 文明與福利社會……………………40

(二) 現代文化在制度層面之特性……………………42

  1. 政府功能問題……………………42

　　2. 自由經濟（市場經濟）問題⋯⋯⋯⋯⋯⋯44

　　3. 社會多元化問題（社會組織的多元化）⋯⋯45

四、理論脈絡⋯⋯⋯⋯⋯⋯⋯⋯⋯⋯⋯⋯⋯47

　（一）文化變形之可能模式⋯⋯⋯⋯⋯⋯⋯47

　　1. 拾取式：體用觀⋯⋯⋯⋯⋯⋯⋯47

　　2. 代換式：整體觀⋯⋯⋯⋯⋯⋯⋯48

　（二）變形問題之再省察⋯⋯⋯⋯⋯⋯⋯52

　　1. 結構與歷程⋯⋯⋯⋯⋯⋯⋯52

　　2. 創生與模擬⋯⋯⋯⋯⋯⋯⋯54

第三講：中國文化運動之初期

一、歷史的惰性：自強運動的背景⋯⋯⋯⋯⋯61

二、西方文化之挑戰與自強運動

　　（救亡意識之湧現）⋯⋯⋯⋯⋯⋯⋯65

三、文化「整體觀」之醞釀⋯⋯⋯⋯⋯⋯⋯67

第四講：中國文化運動與五四思潮

一、歷史背景：從辛亥革命到五四運動⋯⋯⋯73

二、五四運動之成就與問題⋯⋯⋯⋯⋯⋯77

(一) 語文改革 ……………………………77

(二) 知識分子之現代化 ………………80

(三) 社會規範之移轉 …………………81

三、五四運動之後果與反響 ……………83

(一) 開放潮與西化潮 …………………83

(二) 理念與現實間之緊張狀態 ………85

第五講：中國文化運動之變形

一、民族危機與新救亡意識 ……………89

二、西方思潮衍生之困惑………………93

(一) 自由主義 …………………………93

(二) 國家主義 …………………………97

(三) 社會主義 …………………………97

三、烏托邦思想之勝利 (當代中國) ……100

(一) 烏托邦思想之特性 ………………100

1. 「完美」之設定 ……………………100

2. 文化成績之價值否定 ………………102

3. 決定論的知識觀 ……………………102

4. 絕對權力之設計 ……………………103

（二）中國烏托邦運動之發展因素 ……………104

1. 歷史契機：時代危機之壓力 ……………104

2. 價值意識：中國傳統價值觀之副作用 ……106

3. 中國傳統政治意識 ……………116

4. 社會經濟結構之影響 ……………119

5. 集體意識之失託感 ……………122

四、革命專政下之中國思想界 ……………123

（一）傳統主義的復活 ……………123

（二）傳統之批判 ……………126

（三）現代文化之探究 ……………127

第六講：西方現代思潮與中國文化運動

一、解析思潮、科學主義與經驗主義 ………134

（一）解析哲學之雙重性 ……………135

（二）科學主義之檢討 ……………138

（三）經驗主義之影響 ……………141

二、從西方現代思潮看中國文化運動 ………147

（一）政治 ……………148

（二）經濟 ……………150

第七講：二十世紀後期哲學思潮之新取向

一、科學知識之省思………………………………155

二、解釋學之新型態………………………………161

三、批判理論之根源及演變………………………165

四、解構思想與其歧義性…………………………171

第八講：認識與路向

一、基本觀念的再認識 ……………………………177

　　(一) 現代化與現代文化…………………………177

　　(二) 文化理念與文化運動 ……………………179

　　(三) 批判意識與建設意識……………………182

　　(四) 開放原則與成熟原則……………………184

　　(五) 「傳統」之雙重意涵……………………188

二、路向之建議 …………………………………189

　　(一) 中國與世界 ………………………………189

　　(二) 學習與創發 ……………………………190

　　(三) 自然發展與自覺導向 …………………193

第 一 講

總　說

我們探討中國文化路向問題，並不是在某種風尚影響之下來談，而是取一嚴格的解析方法把問題的意義整理清楚，然後看此一問題在幾方面之脈絡底下，其情況又是如何。

現在應先對所涉的重要詞語作一解釋，然後再略說我所採取的理論設準，以便進入本題。

一、釋　　題

（一）文化

對「文化」這字眼的使用是非常歧義的，我們現在專就本題選取一個明確意義。邏輯地講，這樣的選取是一約定的 (conventional) 意思，但並非是任意的。

文化 (cultural) 首先最明確的界限是與「自然的」(natural) 相對。所謂「自然的」即已給與的存在，而不是自覺地被造出的；　相對地，　文化則指涉一自覺性、創造性而言。在此意義下，我們對哲學史上的自然主義 (Naturalism) 是持一批判的態度。M. Weber 在討論社會學方法論時曾提出，社會學與自然科學之不同，　在於社會學包含有人類的因素；　但從我們的立場

看，則這個意思還不够嚴謹，因爲人仍有一「自然」的成分。我們以自覺、創造作爲「文化」與「自然」之間的區分，原因在於「自然」無所謂創造、自覺的。創造所以可能因爲它是自覺性的。

就文化之爲一創造性的活動言，其呈現即爲秩序性，而秩序性即隱含一目的性概念。「自然」是有一規律性，但它不同於秩序性。十八世紀知識論方興之時，Kant 即有一駁神學的論證。舊時神學論證以「自然」有一規律，它也名爲秩序，對此秩序有一宰制它的心靈，此即上帝之存在。然而，Kant 則說秩序不能離開目的性來講，「自然」儘管有一規律但因「自然」不具備目的性，因此不能稱爲秩序。我們用秩序性來指涉文化活動的特性，意即文化的創造性表現出一種建構的秩序以滿足某種目的。

我們談中國文化路向問題，此中「文化」的義涵即以創造的、自覺的與秩序性這兩點來加以規定。前者牽涉基本價值觀念的肯定，這種肯定在一目的性概念下貫穿於一秩序性的建構，因此而有所謂制度。我們的反省因此集中在觀念與制度兩面上。

（二）路向

　　對路向的解釋也可以分從兩點來看。就短期觀點看，在一定歷史情境中，其所以產生路向問題，即因為有困境。在一困境中欲要走出困境，因此才考慮路向問題。這在中國近代史尤其明顯。其次，我們取一長期發展的觀點來看。就前項困境來說，它畢竟是針對一特殊具體的歷史情境而說有路向問題，但除在一歷史困境之中，還有沒有路向問題呢？就打破困境與求一發展的兩面看，我們都說有一路向問題。中國近代史之所以發生路向問題，即因一面在於思考如何突破中國當時的困境，另一面則是考慮文化長期的發展應該怎樣走。因此，「路向」的長期意義也必須重視。

二、理論設準

（一）價值世界與歷史情境之劃分

　　價值世界與歷史情境的問題，主要在於兩者之間的界限不可混淆，倘若拿其中一個取代另一個，則就弄亂了應有的分寸。

　　舉例來說，明末清初顧亭林因為對當時宋明理學反感，因此傾向一廣義的史學工作，主張「六經皆史」。

就六經的內容之為史料講，「六經皆史」並沒錯，然而如果因此說六經本身不過是以往歷史現象的記載，這裏就遺漏了另外一面，卽：「經」除了「記載」事件，同時它也透露某種「主張」。卽如書經中作為周初文件的篇章，一方面它當然是史料，但它同時也表達了一種價值判斷，卽對於人生、政治價值的態度。就此而言，它就不僅是一史料。漢代以下講通經致用，乃至宋明學者藉「經」發揮個人哲理，就反映「經」之含有價值意義一面的論斷。因此如果說「六經皆史」意卽可以將「經」約化為「史」，則是一大誤解。這個例子所透露出的思想的義涵，卽文化現象與文化現象背後之意義與價值判斷之別，這是兩套不同的思維或語言功能。

再就近代來說。十九世紀以來的社會科學思潮，其中有一支影響深遠，它基本上主張歷史是為社會條件所決定的，人的自覺意識則並不重要。社會學自 Durkheim 以迄 Parsons 的傳統，其思考方式之傾向也認為已有的文化現象都是社會條件決定下的產物，而人的思想、行動則是文化現象的一部分。我們並不否認人也受社會因素的影響，但問題在於是不是一切文化現象都只能約化到此一層面？

我們用價值世界與歷史情境之劃分，意即承認價值活動本身有一不可約化的意義，兩者是並存的，不能以其一取代另一。我們應該避免像五四以來從事文化運動的人把現象描述的語言與價值語言混淆使用的弊病。

從價值世界與歷史情境之劃分，再深入到理論內部，即有一發生歷程（genetic process）與內含品質（intrinsic properties）之劃分問題。

（二）發生歷程與內含品質之劃分

從一嚴格意義論的立場看，當我們談一現象，如果我們注意它與其它現象間的因果關係，那就是發生歷程的問題，這也是觀察自然事象的方法。但如果我們觀察的是人的有意向性的活動，則不能忽略內含品質的面向。舉例來說，某人為了取悅他的上司，他上司喜歡射箭，於是他就設計了一套如何可以射準的方法，結果他因此博得上司的歡心，從而擁有名利。就其人而言，我們或許可以說他的動機卑下，但問題關鍵在於他那套設計到底準不準？他那套設計作為一個命題看，即有真假值，即依他所說的方法到底能不能把箭射準？這真假與他所懷抱的動機是兩回事。

再舉一個例子說，作爲一正統經濟學家，Schum-
peter 批評社會主義經濟，但他另一面又批評資本主義
發展到一特定時期就會傾向中央集權。結果左、右兩
派的學者都罵他，左派的人因他攻擊 Marx，所以認
爲他是爲資本主義辯護的；右派的人則以他對資本主
義的論斷而批評他。然而眞正重要的問題在於，順著
Schumpeter 的理論所作的一套預測成不成立？換言
之，他理論中「眞」的成分有多少？Schumpeter 提出
其理論時的個人心理狀態是一回事，但其所提出的理論
的效力，則是另一回事，此中卽有發生歷程與內含品
質兩面之劃分：卽使我們對發生歷程的因素了解得極淸
楚，也沒有解決內含品質的問題。所以如果我們把發生
歷程的研究看成唯一的研究，因此而忽略了內含品質一
面，這就成了思想發展的危機。

近代批判理論（Critical Theory）與解構思潮
（Destructuralism）在提出其見解時，卽常犯了將發
生歷程與內含品質互相混淆的錯誤。我們所問的是一理
論內含品質的問題，卽它究竟眞不眞？然而批判理論與
解構思想的回答則以這個理論的發生歷程，卽它產生的
心理因素來解消我們的問題，這犯了「代換的謬誤」

(fallacy of replacement)。批判理論與解構思想的另一個錯誤是所謂「免責的謬誤」(fallacy of entitlement)。就解構思想的意思看，每個理論都是一discourse，每一 discourse 不一定有什麼真假，而只代表一種利益、情緒等等，然則我們是不是可以反問: What are you doing now? 你的「解構」所提出的究竟是什麼? 是一種理論嗎? 抑或是一種情緒? 對此，它就用一語言級序的方式來躲避問題。但級序的區分並不能真解答這個問題，只是推開問題而已。

這種思想界的危機，表現在中國文化問題上面，愈趨嚴重。較早期如五四、科玄論戰時期的爭論，都還是比較老式的爭論，但到了晚近，如文革之後中國大陸思想界就透露出這種偏頗的思考傾向。

「價值世界與歷史情境」以及「發生歷程與內含品質」，這兩組劃分是我們從事對中國文化路向問題的檢討時，不應忽視的理論設準。然而，我們的討論目的，還不僅僅在於檢討過去，同時也希望對長久的文化路向問題，提出一嘗試性的論斷主張，因為這個原因，所以我們就必須再進一步轉入所謂語言級序 (language order) 的問題。

（三）理論陳述之功能問題與語言級序問題

人類在日常生活的語言使用中，常會產生困擾，例如有一個人說了這樣一句全稱命題：「所有的話都是假的」。然則這句話本身是眞是假呢? 類似的困擾也發生在數學之中，即所謂 Cantor's Paradox。Cantor 講 Set Theory（集論）有一很根本的公理，即由一個 set 的分子所組成的 sub-set 的數目永遠大於其原 set 之分子數目（如 set: {a, b}，從 a, b 二個分子可組成 sub-set: {a}、{b}、{a, b} 三個次集）。然而如果我們現在取一 universal set，即包含所有分子的總集，那麼是不是還有一比它大的 sub-set 之和? 如果有，那此一 universal set 就不是 universal 了。此即 Cantor's Paradox。

對 Cantor's Paradox, Russell 提出了解答：Type Theory。Type Theory 意即：對每一全稱命題（All ...）來說，它永遠只指涉一 type（類型），換言之，假如一個人說：「所有的人說的話都是假的」，則其「所有」並不是無所限制的「所有」，而是指謂那些已經說過的話的總和。全稱命題作爲一個命題並不涉及作爲一

個 type 的它自己本身。Russell 對 Cantor's Paradox 的解答主要是說全稱命題內部並不存在一邏輯的矛盾，卽當我說「所有的人說的話都是假的」，這並不意謂我這話有一邏輯上的自相矛盾，因爲邏輯地講，我所說的那句話並不能包含我這句話本身。至於這全稱命題之爲眞爲假，則是另外一個問題。有了 Russell 的初步解答，以後就出現了像 Carnap 的 language order（語言級序）的問題。這些問題及其解答，對邏輯學家而言並不產生什麼困難，但在思想界就發生了一個奇怪的影響。

近三、四十年來科學哲學中出現了 T. Kuhn 的一個理論。Kuhn說所有的語言都承載一個理論 (theory-laden)，如我說「我看見一個白色的茶杯」，這陳述背後卽肯定有一套實體與屬性的理論。如此一來就有一個問題產生了，卽：假定我們所有的語言都承載一個理論，則我們必須承認在另外一個級序上的語言並不是 theory-laden。

1970 年在 Philosophy of Science Association 紀念 Carnap (Carnap 於是年去世) 的會議上，有一位 Oxford 的 Kordig 先生就寫了一篇文章，說 Kuhn 的理

論必須解決一個問題，即不能因爲某人是 Kuhnian，所以他就承認 Kuhn的學說; 換言之,如果 All languages are theory-laden. 這個論斷是眞的，那這句話就應該是不依靠Kuhn 的理論，其本身即爲眞。再換另一種方式來說，即當你對下一級序的 type 作出有所陳述的判斷，那麼上一級序的語句本身有沒有眞僞? 其眞僞的規則又是什麼? 在哲學問題的討論上，我們無法廻避兩個問題: 第一個是 What are you doing now? 你目前在做什麼? 如果你否定其它理論，主張一切理論都不能建立，然則你現在所做的又是怎麼一回事? 其次，如果你構造一個大系統，把所有一切論點都收進來，那麼我們就問: Are you still dealing with the same problem? 你所處理的仍是同一個問題嗎? 還是已經把問題給換掉了? 倘若你說一切的知識都是不可靠的，人的一切論斷都是心理的、社會的等等因素所決定的，而你自己本身所提出的這個論斷則是在一 high order 上的語言，然而我們仍然可以繼續追問說: 誠然你的論斷是在一 high order 上，但就此 high order 而言，你的話又何以爲眞呢? 當你否定 low order 的話時，你把我們通常所使用的「眞」的標準也都否定了，然則你那個high order semantic rule 是什麼呢？ 你如何宣稱其爲「真」？如果你不宣稱其爲「真」，則你此處所說不過是表達你個人的感想而已，就無關乎知識，也不成爲一個理論了。

近代對於文化理論問題的討論，就常牽涉及這一些糾葛。中國一百多年來文化問題之困擾，其中一個重要因素卽它面對了一個在不斷演化中的西方思潮，這些思潮影響了中國，且提供中國人對文化問題進行反省時的理論憑藉，結果是此一內容不斷更迭的西方思潮成了我們思考文化路向問題時的主變數。在現實中，如臺灣在某一時期流行M. Weber，另一時期則又大講Parsons，乃至於解構思想， 但問題是那 些思想本身 也在演變之中，並且也面臨上述所說的那些理論危機。這樣一來，大家就更加糊塗了。如果我們面對西方思潮尚且不能分辨其理論意義，則生硬地搬弄那些理論來解釋現象、處理中國文化問題，那無異是夢中說夢。當然，我們的意思並非說西方學術成果不應吸收，而是說學者對西方近代學術如邏輯、解析之成就，應有一明確之了解，並明白其分際所在。

以上所說是關於語言級序的問題，至於理論陳述之

功能問題，說明如下。

　　有些問題之所以顯得那麼混淆，即因為對於語言之不同功能的界限使用不清楚所致。舉例來說，有一個人說：「臺北交通很亂」。這句話本身是一「實然」的陳述，但還並沒有說到「亂」是一件壞事；要說「亂」是壞事，得說另一句話：「交通不應該亂」或「交通亂會引起某些壞的結果」，這才是一「應然」的陳述。此外我們還可以有一 hypothetical 陳述：「凡公共建設很差的都市，交通都很亂」，這句話所說的是一個規律，即認為兩者之間有一定關係，此即成一經驗的「必然」的陳述。這種種差別意義的產生，即因為我們使用的語言功能不同。再如我們說中國古代的宇宙論中五行陰陽如何運作云云，嚴格地說這是一套實然的描述語言，但倘若我們說完之後就以為「大道」即在乎是，事實上這時你的語言就已逾出了其「實然」功能的界限，而走入「應然」的範圍。對此，如果我們不能有一清晰的辨別，就容易混亂了原先的問題。譬如「生生之謂易」，倘若你說這就是宇宙生成、建構的原則，那這還並不意謂它是否是「應該」的；你又會說它「應該」如此，意即因為它「原本」如此，所以是「應該」的。然而，人生來

「原本」不識字，這也意謂人卽「應該」不識字嗎？顯然不是。所以「本來如此」與「應該如此」這兩句話的功能是不相等的；從一存有語言推導出價值語言，這就踰越了語言功能的界限。對於這些不同的語言功能，我們應有一清楚的劃分，如果任其混用，則在面臨對文化問題進行論述時，就容易攪亂確定的意義。這就是所謂語言「踰範」 (transgression) 的問題。

三、檢討之目的

我們對中國文化路向問題重作檢討之目的，是希望能提出一套比較嚴格的、客觀的標準，對於前人所談的眾多問題作一清理，而不是旨在建立一家之言。這種態度與我個人治學的態度有關。我總認爲講學的目的是希望大家一起從事一理論、思想的工作，以獲得一比較可信的結果，換言之，卽幫助大家提高思考的能力，而不是宣揚一家一派的觀點。我們今天重新檢討中國文化路向問題，目的不是在原有的各家說法之外，另加一個說法。只希望在多次的講演之後，能有助於大家對文化路

向的思考，釐清一些不必要的糾纏。

1991年9月27日講（張善穎整理）

第 二 講

中國文化路向問題之
形成與演變

中國產生文化路向問題自與外來壓力有關，但壓力外來時我們自己本身的現實狀況如何，這也是不可忽略的；好比一個人得病，疾病是外來的，但你當時的健康狀態也非常重要。中國從前救亡意識太強，喜歡強調說中國產生種種問題就是因爲西方外來的文化壓力。這當然也是事實，卽如沒有西方外來壓力，如此的文化運動是不會產生的；可是一旦有西方外來的壓力，我們的反應又何以成爲現在這個樣子？不管外面壓力如何，我們自己當時狀態怎樣，仍是必須要先了解的，對此，我們有一內在歷史脈絡分析。除此之外，我們同時也進行一外在歷史脈絡分析，看看西方自十九世紀以來文化發展的內容主要有哪些？而在對這些問題進行清理敍述以前，我們又須先作一方法論的反省。

一、方法論的立場

（一）文化的二重結構觀

當我們講文化時就必然蘊涵兩個意義，一個是已有的情境、已有的世界，另一個是對這已給與的世界，人有一自覺的活動。這可以分別稱爲已有的生活領域

(given world) 與理念領域 (world of idea)。

兩者的關係，又可用一座標軸表示如下：

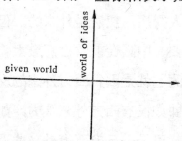

一切的價值意識、自覺要求，我們都把它劃入理念領域，它是有所進展的，同時內部有一規律，另外則有一存在的世界。任何的文化活動都在這座標系中佔有一點，亦卽在某一環境中有某一觀念，兩相搭配。人的思想價值意識、信仰、自覺努力都有一活動過程，內部自有其規律，這些活動隨時也對世界發生影響；然而，這意思並不是說理念領域一面發展的遠近，就全然相應地反映在生活領域之中。一個理論的精密並不意味它對社會環境的影響也相對地大，反之亦然。

當我們一確定這個座標系，在方法論的意義上卽要求放棄兩個常用的模型，卽是：絕對主義模型與工具主義模型。

（二） 在方法論上脫離兩個常用的模型

1. 絕對主義模型

絕對主義模型基本上並不平等看待上述兩個面向，而是認爲其中一個面向決定另一個，兩者之間有內外、高低之別。 絕對主義模型的典型例子是 Hegelian Model 與 Marxist Model，儘管在內容上兩者彼此相反，但在方法論上則是同類的。 絕對主義（如 Hegel 講絕對精神）可將生活領域化約到理念領域，取消生活領域的獨立性， 換言之， 即將世界講成是自覺理念秩序的實現，只重視內在的精神如何呈現而爲一外在的文化，甚至進一步也把自然世界收歸於理念領域。翻過來看，Marxist Model 也同樣只有一個面向，[即把一切還原到物質世界的存在、活動，反映在人身即成一經濟活動，換言之，Marx 也像 Hegel 一樣共同認爲生活世界與理念活動的領域中只有一個是根本的，另一個則是附屬的。這與我們所說二重結構不同，二重結構是兩個並存，沒有哪一個可以取消另一個。

絕對主義模型可能給予人某種滿足感，因爲它有一種涵蓋一切的味道。不過從理論效力講，絕對主義模型有一很大問題，即要求否定這兩個領域中任一個的內在

規律。然而文化的問題必然牽涉兩個意義的領域，一個是自覺的、思考的，表現爲判斷的、語言使用的、價值規範的這一套，另一個則是世界所呈現的情況，卽已有的現實，兩者皆不能取消。兩者亦各有其內在規律。

2. 工具主義模型

工具主義模型在性質上與歷史根源上都與絕對主義模型非常不同，但在思想史的影響上講，則又有其相似處，卽使生活與理念兩個領域的獨立性朦朧不明。我們所謂工具主義是一廣義的意思，包含了 Comte 的實證主義、J. Dewey 的理論、邏輯經驗論的理論。一般經驗科學背後亦假定了工具主義。工具主義把人視爲是一些條件所決定，人的行動、生活基本上只有一工具意義，無所謂眞正自覺的問題。講自覺卽要承認自由意志，但經驗主義者則不承認，他們認爲那是形上學，無法以實證的程序來檢驗。他們將人的活動看成滿足欲求的過程，只有工具意義。

工具主義模型不像絕對主義模型建構一大系統，把一切統統收進來，而是寧肯片段零碎地來談問題，但它又有一根本的假定，卽把人類的行爲不看成是一自覺、

自主的，而看成是被條件決定的。近代社會學理論中，最為人誤會成是一觀念論的是 Parsons，其實 Parsons 在方法論上也是取工具主義觀點，他講一切都是為構成一秩序。他講文化秩序的穩定性，由此包括個人、社會乃至文化的一切都是為達到此穩定性的工具。Parsons 基本上並不假定道德判斷、價值意識的自主意義。然而，在近代法國思想影響下，Parsons 被認為是保守、傳統的，其實 Parsons 的理論相當違離傳統上對理念領域的肯定。

工具主義模型的來源與經驗主義的知識論大有關係，絕對主義模型則與形上學統一的要求有關，但在面對文化問題時，都使我們不能正視生活領域與理念領域各自的內在規律。這又是二者相似處。我現在的主張則是要對兩個領域的內在規律如實掌握，因此先要擺脫這兩種模型的限制。

二、內在歷史脈絡

依照我們剛才對方法論的看法，關於內在歷史脈絡首先就得分兩組對象來談：思想（理念領域）與社會運

作及結構（生活領域）。如果採 Hegelian Model 則很可能就忽略後者，認為這些根本是從思想中生出的。例如當代新儒家對中國文化問題的看法，基本上就是用 Hegelian Model，他們認為中國的價值意識只要加以改造，就可以融合西方價值意識，因此自然就能生出西方文化成果，如民主、科學等。依 Hegelian Model 的想法，人所以創造某些文化，必定是先肯定其價值，至於在歷史中的現實阻礙，即所謂歷史的惰性，則只是一消極的干擾而已。然而證諸中國近代歷史的經驗，則 Hegelian model 的看法恐怕不能合於事實。我們能不能說中國人現在講一套哲學，只要把「理」講通了，肯定了某些價值意識，因此就可以生出相對的制度來？西方民主政治制度的湧現，即因為西方人對此有一自覺的肯定，因此就構造它？這不是歷史事實。西方民主制度的出現，其實是一社會運作層面的結果。

以中國君主制度為例。中國之君主制度是在一具體社會運作中產生的結果，而不是中國人對此先有一價值意識的考慮，肯定君主制度代表一最高的價值，因此我們實行它。中國之君主制度是在一社會運作的 given world 中出現，出現之後，人們才對它表現出某種態

度，不論是贊成或反對，這裏才涉及價值判斷。價值觀念對文化成果只是一必要條件，而非充足條件。假定我們不肯定民主政治的價值，民主政治的制度就難以安穩建立，然而這並不是說只要肯定了價值觀念，在社會運作上自然就會產生那些文化成果。Hegelian Model 的限制，在於它把一必要條件當成一旣必要且充足的條件。

內在歷史脈絡的分析，主要是審視當西方壓力來到時，中國當時的文化情況如何？我們分兩層來看：就思想而言，中國人的價值判斷自有其傳統，我們只能就其中講幾個要點；就社會運作及結構而言，也只取一社會文化史的分析看其特色。籠統地說，當西方文化的衝擊來時，中國正處於一國力衰弱的時候，所謂衰弱卽它在思想方面有一困境，已走入一封閉的情況，而在社會運作與結構上則有一定型與僵化的問題。這些都不能只就滿清一朝來講，因爲歷史有其延續性。我們必須上溯到較早的時期。下面卽從思想與社會運作兩個向度作初步剖析：

（一）思想

1. 「轉化」意識

中國傳統就自覺的價值意識一面講，首先有一「轉化」意識。

哲學思想基本上有兩大類型：第一種類型主張哲學提供人特別的知識，這個知識是別的學問無法提供的，但又為它們所需要。這是歐洲從希臘以來的哲學傳統。這個傳統的極端形式，即認為一切問題最終都可以化為一知識問題 (Plato 即說過 Virtue is Knowledge)，此即認知的 (cognitive) 哲學。另外一種類型的哲學儘管也講知識上的問題，但根本目的不在提供一種知識，而是企圖改變你，使你從現實的狀態向另一個狀態轉化，此即引導的 (orientative) 哲學。

哲學思想本有認知性的與引導性的不同類型，從希臘以降，特別經過經驗主義、理性主義後，當歐洲哲學進入現代的時候，如 Leibniz、Kant 基本上所處理的問題即是：我們如何建立一種作為「真」知識的哲學知識，並且這種知識之穩定性高於科學知識。然而東方的哲學傳統認為：哲學最重要處不在提供一客觀知識，而是如何改變個人以及社會。印度雖對改變社會一面比較

輕忽，但依然是一引導性的哲學；中國則不管先秦或漢
代以後，沒有哪一個學派特別強調客觀知識之建構。荀
子的理論是附屬於其正名之下，而正名是一規範意義的
要求。他認爲要達到一教化的目的，我們需要有正確的
知識，這依然是一引導性的哲學。墨子則基本上是權威
主義與功利主義者，儘管他爲了與人辯論而有墨辯，也
考慮思考上的規矩，但同荀子一樣，都不爲專講一思想
規律、建立一客觀系統，他主要的目的仍是在教化的要
求下，嘗試改變個人與社會。至於孔子更明顯如此。孔
子講「仁」並不是提供一認知上的定義，而是要求對現
實中問仁的你，怎樣可有一最切近的道德轉化——即如
何進入仁的境界。

　　轉化意識與引導性的功能是不可分的，就中國哲學
而言，由於轉化意識是一基本的意識，因此我們衡量一
時代的哲學的活力強弱，可以觀察其關於轉化的理論與
實際兩方面。中國哲學在理論上的發展與社會運作層面
頗不相應，即在社會經濟相當差的時代，其理論仍表現
一定高度，譬如宋明。宋代開國後之政治經濟形勢，基
本上是很弱的，不過在轉化的理論一面，則宋代理學有
極高的發展；明朝王陽明的時代也是一極壞的時代，但

就思想講，則陽明可代表中國哲學中轉化一支的高峰。（就哲學的內含品質講，陽明學說可代表中國哲學相當成熟的階段，就此而言也可說發展到了盡頭，如果不能本此而更求一自我超昇，那就要陷入一困境之中。這一點留待下面再加說明。）

2. 「克服」要求

「轉化」意識是中國哲學最基本的特點，此外，中國人性論基本上有一「克服」的要求，這一點與近代西方分析哲學之後的發展特別有一距離。分析哲學根本不以爲人性可以分兩部分來看，中國哲學則以爲人有一動物性與一可創造文化的能力這兩面，例如孟子性善論講「人之異於禽獸者幾希」，正是要把這「幾希」的這一部分擴而充之。東方對於人性的了解，基本上認爲人性中有一都分應該加以壓制，因此對於人生自覺的努力，就要求擴充一部分能力以克服動物性的另一面。人的自我轉化，具體而言即要克服內在自我的動物性傾向，從一自然人轉化爲一文化人，即所謂「人文化成」。這種看法在純哲學上講是一回事，等它成爲生活態度中一般的信念，它的功能就與原先的預想結果不盡相符。其中

一點是：因為要克服動物性，因此認為人的經驗的存在是比較負面的；再進一步與佛教思想匯合，就成了將人生自然欲求的那一面看成是一種罪惡。這種觀念在現實中最大的影響，即形塑了中國人對物質生活、經濟生活的態度。

中國傳統社會的主流思想是相當鄙視財富的，認為財富是經驗生活的一部分，經驗生活又屬形軀一面，而這一面是屬於人性中不重要的一部分，即與動物性相連的、必須克服的一部分。這一想法在社會運作層面上的結果，將在下文中交代。針對理念領域一面的影響，現在以陽明為例稍加說明。

就思想內部講，我們先看陽明如何講「知」與「物」（王陽明之後的哲學基本上沒有什麼大發展，所謂王門後學都只在陽明思想內部爭論一工夫論的問題而已）。中國哲學本就不強調獨立的認知作用，對德性自我的活動與對外界規律的了解之間的界限不加以嚴格劃分。陽明講「知」，主要強調其自我轉化的功能，因此他所謂「知」即「良知」，是一價值意識，根本取消了知識的獨立活動的地位。此所以陽明對知識內容的問題，例如道德行為的內容應否依靠知識？陽明就認為關

於道德行為（譬如孝順）的知識似乎都是現成的。這表示陽明認為人生努力的活動，主要在擴充價值意識，對於知識則只作一最低限度的保留。因此陽明解釋致知格物，其「物」即行為的意思，也都成了一純價值的理念。至此，對於從前一切對「物」的知解（如朱子），完全廓清。陽明學說就儒學系統內部講，是一種純化與成熟，不過就人類活動、能力講，則明顯壓縮了其社會性的一面，從而也暴露其封閉傾向的限制。這一套封閉性的語言，特別強調把我們的努力。價值判斷的標準，收歸於一自覺意識之下，但對於其他方面（社會運作與結構）則顯然發展不足。依陽明，人除了成聖成賢別無可做。

陽明之後不久，明代即亡了。在明末清初之際重新反省時代的人，則多少表現出反陽明的傾向（除黃梨洲是直承陽明、蕺山一系例外），例如顧亭林。顧亭林雖不能直承孔孟心性之學，（顧亭林講「行己有恥」，以此來定行為標準，毛大可即批評他只講一「恥」如何能建立道德哲學？）不過作為當時重要思想家，他主要是反對陽明那一大套封閉語言，他要承繼孔孟「外王」的一面，即主張重視社會、經濟、政治運作的一面。然

而，由於他仍是在那一個傳統下，對社會運作一面也不能真正成就一獨立領域。顧亭林斥仁義、心性、成聖成賢為空談，要另外講一治國平天下之學，然而就儒學講，治國平天下本是一道德自我的擴張，抽離了心性的基礎就很難說仍是儒家。顧亭林作為一儒者是不成功，但他代表一時代意義，即他們雖在儒學傳統下，但已感覺到以陽明為代表的儒學，使得人對其現實生活的問題沒有應付的能力，對於社會經濟的困難無能為力。

我們舉陽明為例，即在說明中國哲學傳統發展至此，已成為一套封閉語言，成為一困境。加之滿清以異族入主中國，扭曲了現實政治的形勢，因此思想界被迫走入一世俗化的、膚淺的傾向，如乾嘉考據之學。我們並非說乾嘉之學沒有意義，乾嘉之學作為史學自有其意義，但若要以此來代替中國傳統的心性之學，則絕無可能。乾嘉學風自顧亭林起即開啟，欲以一廣義的史學來代替心性之學，這正是哲學衰弱時的現象。至於道光以降的知識分子則是一 game player 的心態，這個時代的人完全沒有指向一新出路的要求。同光之際，人們開始面對一西方壓力，開始所謂現代化的歷程，但在此之前一段時間內，知識分子則只能作作辭章、考據（順乾

嘉之學而來），並不能面對文化的真問題，這時縱然沒有外來文化的壓力，本身也已經陷入一困境之中。在當時，對於如何突破困境，就內部講沒有營造出一契機，卽就外部西方文化的進入講，也沒有真提供一個吸納的憑藉，反而造成新的壓力與困境。

（二）社會運作及結構

中國傳統社會在政治一面主要是君主制度；經濟主要是小農經濟（所以農奴問題不大，我們倘以歐洲中古世紀相比是不恰當的）；社會則是家族實體，是以血緣團體作為社會基本構成的單位。

1. 政治：君主制度

中國的君主制度是一歷史演變中的事實，並非中國人對此先有一價值的肯定，然後據以構造它（如 Hegelian Model 所說）。不過，在其形成之後，大家再回頭加以價值的肯定，而較少批評它，這也是事實。

從漢以來，基本上君主制度逐漸傾向於君權之絕對化。漢代之原始設計分內、外朝，有一劃分國家與政府職權的組織原則，這一點如果就君主專制一類的各制度

來比較，則漢代之設計是很進步的，產權與管理權分開。不過在實際歷史上的權力運作中，則內朝逐漸擴張其勢力，內朝中的小官譬如尚書（原爲侍候皇帝寫東西的侍臣），也逐漸成爲朝廷大臣。中國之君主制度爲一單向的演變，並沒有發揮其原始設計的優點，更沒有從此轉化成一憲法制度。

2. 經濟：小農經濟

中國傳統觀念鄙視財富與技術，如《禮記》所說「無或作爲淫巧，以蕩上心」，這是從一道德教化的標準，否定技術本身的意義。這一點在佛教更是如此。佛教以爲世界虛幻，對此虛幻的東西愈加欣賞，自然也就愈加陷溺。因此傳統知識分子中，只有很少的人注意科技方面的問題。（李約瑟講中國科技史，然而在中國，科技的活動始終不是一有組織的活動，因此不能發揮大的影響；各時代只有個別的巧匠產生，而不能對社會風氣有所扭轉。）就經濟而言，則由於缺乏一長期的對技術的改進的企圖，生產技術自然不會有大進展。這就決定了中國經濟始終維持一小農經濟的型態。

中國傳統的政治、經濟制度，如果單獨地看，也很

難說好壞，不過一旦面對歷史的考驗，則其不能承擔客觀環境的要求，便是很明顯了。這些制度在很長的時期裏都表現出定型與僵化，喪失了其自我調整的活力。

3. 社會：家族實體

中國的家族實體是在歷史中逐漸演變形成的，可上溯至六朝門第，而至清末則有退化的跡象，但一直要到五四以後、中日戰爭時期方眞正解體。所謂家族實體意卽把人基本上看作一家族成員 (family member)，其直接的社會關係是家族，家族發揮了政治、經濟、教育、社會制裁等各方面的功能。例如人不一定受制於國家司法權，當人的某些作爲不容於公共規範，首先在家族中就會受到制裁。這個家族實體上至於皇室，下至於一般農家乃至赤貧者，都一無例外是個人存在的最基本的聯繫與依賴。這就使得在國家與個人之間橫隔了一個家族，其好處是它也發揮了許多複雜的功能，壞處則是使人對於國家觀念產生隔膜，家族利益與國家利益可能衝突。

中國的君主制度、小農經濟與家族實體都是源遠流長，雖然經過歷代動亂，不免有些小改變，但其功能則

大體上仍然維持。等西方壓力來時，這些就統統要面臨
衝擊了。西方的壓力主要卽表現在外在歷史脈絡一面（
詳下）。

　　如果我們不以人廢言，則列寧對西方資本主義國家
政治經濟發展的若干論斷是頗爲準確的。列寧認爲西方
向東方擴張勢力，基本上是資本主義經濟已發展到一初
步飽和的時候，因此要爭取原料與市場，這是一制度的
內部需要。資本主義制度如要持續維持其繁榮，就必須
對歐洲以外的地區進行擴張，此所以資本主義與帝國主
義不可分。帝國主義不是一個單獨的行動，不是說有些
人很壞，要去侵略別人，而是在資本主義經濟制度之下
喚起了一個需要，它必須向外擴張以維持其自身。當西
方壓力向中國迫近時，中國人對資本主義國家的性質是
不了解的，於是而有許多拙劣的反應，這就更加暴露了
中國原有制度本身的僵化，無法調整自身以肆應當時客
觀環境的要求，也使得中國文化的危機愈形嚴重。

　　　　　　　　　　　1991年10月4日講（張善穎整理）

第二講　中國文化路向問題之
形成與演變（續上）

三、外在歷史脈絡

外在歷史脈絡主要在於說明現代文化的現代性。現代文化是歐洲從啟蒙運動以後逐漸形成的，我們分從觀念與制度兩方面來看其特色所在。

（一）現代文化之理念特性

1. 工具理性與效率觀念

工具理性 (instrumental rationality) 是很多人都使用的字眼，最為人熟悉的大概是 M. Weber。Weber 說理性有工具理性與道德理性之分別。我們現在並不講這個觀念的歷史知識，只看它與中國人通常所了解的「理性」有什麼差別。

工具理性假定人有一種計算利害的能力。中國人常說某人的利害計算得很清楚，好像意思是他對道理、是

非，因此就不注意了；講「理」是就其是非，而不是就其利害來講（所謂「正其誼不謀其利，明其道不計其功」）。這樣，中國人所強調的「理」就與此所謂工具理性非常不同。傳統儒家講「理分」的觀念就都與利害之計算相反。然而在現代文化出現時，則把理性化爲一計算的能力，所謂理性卽對目的與手段之間得失利害的計算，此卽工具理性。用這種工具理性來解釋人類經濟生活，卽成 A. Smith 之自由經濟，應用到政治，則區分出積極政府與消極政府的差別（詳下）。

由工具理性，只能推出一效率的觀念，不能推出傳統的道德規範的觀念。同時，假定一個人以計算利害爲主，我們就可以預測他的行爲，卽當他面對問題時，他就會選擇一最有效的方式去做，也因此才產生經濟人的觀念。經濟人的觀念是正統自由經濟理論背後的假定。如果一個人依循工具理性來指導他的生活，那麼他的行爲就幾乎是可預測的，因爲其利害之計算是被目的與手段間之關係所決定，所以理論上我們只要有充分的知識，就可以對之進行預測。如此，對於「自由」的觀念就有了不同的理解。順著工具理性的看法，所謂自由意志就似乎有一表面化的味道。

近代社會科學的著作，其所謂理性大多卽指工具理性，所謂 rational man 卽會計算利害的人，這與東方人所講的義理恰恰相反。由工具理性的觀念而展開的對人生社會的解釋，最明顯的影響在於道德判斷問題。

2. 規則德性 (morality of rules) 與品質德性 (morality of virtues)

規則德性與品質德性是西方近二、三十年來檢討道德理論時所提出的一對標準。

傳統西方對德性的看法注重品質德性（如 Aristotle)，認為事物之存在有品質的好壞，人的行為亦然。這與東方的見解頗為相合，都肯定有某一狀態或境界有一品質意義的好，原則上達到這個境界卽為道德的善。但到了近代出現工具理性之後，傳統的觀念起了很大的改變。工具理性假定人有一計算利害的根本能力，因此把許多我們通常認為是道德價值的標準，約化在工具理性下來解釋，於是品質意義的道德理論就開始衰落。結果是換成了一 rules 的觀念，對於所謂對的、好的並不賦予一形上學或宗教信仰的根據，而訴於社會活動的條件。以 game rules 為例，比方下圍棋，倘若有一方突

然以象棋的規則來下圍棋的子，我們並不能從一形上學或宗教的立場認定這是一種什麼罪惡，但現實上的影響，則是沒辦法繼續下棋了。rules 的觀念喚起一種義務，卽：如果我們要作共同的事，則必須守一規則。這樣的觀念也被擴大應用到一般社會生活，譬如公民義務的觀念不再以一內在品質來證明，而專講其 rules 的意義。依規則德性所形成的道德意識，和傳統東方或希臘的意思都不同，但卻是現代性的一部分。

3. 個體觀念與自由觀念

現代文化強調規則性的道德、工具理性的能力，然則我們怎樣看待人的存在？

自由的觀念與市場經濟、工具理性並生。就自由主義而言，不論早期、晚期都有一根本的斷定：社會之所以能夠成長發展，其最終的依據是個體的創發能力。現代文化講「自由」，並非一形上學意義的意志自由（如德國觀念論所說），而是從一社會運作的層面來肯定的自由 (liberty)。就此而言，它是離開內在品質的問題，並不講人在其本性上就是自主的，有自由意志云云，而是與一 rules 的觀念相通。落在經濟上，卽形成

傳統的自由經濟所主張的，只要放任個人發展私利，自然會形成一個均衡的公利。

就西方學風來看，它在政治思想的一面總是要爭取某種社會公平、自由等等；但從學院的趨勢看，則又表現出儘量要取一經驗科學的立場，希望把人看成一可用經驗科學處理的對象。換言之，在肯定人的自由上，社會科學的潮流並不像政治行動一般顯著（此如Parsons），原因就在於此所謂自由，並不是從一形上學層面講的絕對意義的自由，而是從一社會運作層面來講。現代文化並不重視人在其本性中是否有自由意志，而是強調在社會關係上我們必要有一種自由，因為這對社會的發展是有用的、有效率的。這種想法在現代特別強調政治制度一面的，可以 Hayek 為代表。

4. 文明與福利社會

從前面三點，我們似乎觀察到一個趨勢，即從東方的觀點看會認為現代的道德是愈來愈虛無化了。不過從另外一面講，現代文化認為有兩個觀念是很重要的道德觀念，而這在東方反而是不被重視的，即文明與福利社會。

以刑求為例。審問用刑在東方人認為如果有足够證據顯示一個人犯了罪，我們就有理由對他用刑迫他招供。這個想法基本上隱含了善惡對分的觀念，歐洲中古也是如此，例如對待異教徒。然而，在近代文化興起以後，對此有不同看法，它離開一善惡標準，不問這個人是善、是惡，有罪、無罪，而認為人的行為在基本上有一最低限度的要求，滿足這個要求就是文明，否則卽野蠻。所以他們反對刑求，卽使對有罪的人也不應用刑。文明作為一道德價值並不涉及行為內容。同時從一社會心理學的角度來看，文明作為一種價值的標準，似乎也可以視為是現代文化對其品質道德的替代。此外如社會公平（social justice）的觀念，也是西方現代文明的一個重要價值標準。社會公平和文明都與人權有關，就人權而言，社會公平並不是一 maximum 的公平，而是一 minimum 的公平，卽每個社會應該照顧其弱勢的成員，提供其最低的滿足，此亦卽福利社會（welfare society）的觀念（後現代主義對於現代社會的批評，與此有關）。福利社會與福利國家（welfare state）不同，後者強調中央計畫的經濟制度，福利社會則不然，是一比較寬鬆的觀念。

現代文化的出現並不僅僅帶來科技的改變，同時也改變了我們價值觀念的結構。這些理念的出現和西方社會向外擴張的歷史相一致，是逐漸伴隨成形的，所以當西方與中國接觸之後，中西的觀念距離，隨著現代文明在理念上的發展而日益遙遠。中國面臨這個局勢，如果仍採取「中學爲體，西學爲用」的態度，則對於西學之用就愈來愈難取擇，因爲西學的體與中國人的瞭解愈加悖離了。外來的西方文明不僅在技術上與我們不同，更重要的是價值觀念（如上述四點）也不同，離開了價值觀念而孤立地看它的技術層面，則與西方現代文明根本接不上頭。中國面臨的是一根本異質的西方現代文化。這一點我們必須看清楚。

（二）現代文化在制度層面之特性

現代文化表現在制度層面上的特性，是中國面對西方時最直接的對象。我們從政治、經濟與社會三面來看。

1. 政府功能問題

就政治而言，最重要的是政府功能的問題，即我們

要求政府做什麼？

　　西方現代文化講政府功能，與傳統的說法（包括中國與歐洲）非常不同。自有政治理論以來，如Aristotle的政治學，最重要點卽在說明國家與政府的功能。一般而言，過去的傳統基本上是以政府的積極功能爲根本假定，認爲政府是應該發揮一領導社會進步的作用，主動積極地推動社會發展。中國所謂「作之君作之師」，也對政治領導社會，視爲理所當然。然而代表近代政治理論的 J. Locke 的《政府論》，其主要意思則說政府管得愈少愈好，政府的成立是強制的權力，這種強制權力本身不好，但又不能不要，所以是一必要的惡 (necessary evil)。我們可以用服務與領導 (service vs. leadership) 一對概念來表示兩種不同的對政府功能的看法。Locke 卽以爲政府的基本功能應該是服務的，而非領導的，所以說政府應提供公共的服務、保障秩序，諸如此類。這樣，社會就要負起本身自求進步的責任，如教會、大學就應發揮其各自的功能。簡單地說，Locke 提出了一個新的政府的觀念，卽國家不爲實現理想而存在，理想的形成與實現，應由社會自行推動。

　　一面弱化政府功能，一面強調社會之自律性，這正是民主政治不可或缺的兩面。倘若人民在追求民主的過程中，只曉得抗拒權威，而忽略了社會自律之建立，則是片面的；政府功能誠然是消極的，但積極一面則應有社會自行推動。事實上，這也正是近代民主政治理論的核心要點。這一點也與前面所說近代文明之理念一貫。

2. 自由經濟（市場經濟）問題

　　自由經濟或資本主義經濟對現代文化之形塑是一很重要的推動力，這是無可否認的。我們現在也用一對觀念來標示自由經濟的根本問題：自我利益與公共利益 (self interest vs. public interest)。自由經濟假定人人各自追求其自我利益，結果形成一均衡，反而能促進公共利益，所謂公共利益即在個人利益之自我調節下所產生的，除此之外別無所謂公共利益。這是 A. Smith 以來的市場經濟思想。自由經濟首先假定一自然調節的觀念，此即經濟學供需曲線所反映出來的；換言之，在一個自由競爭的市場中，人的經濟活動是按客觀上的供需條件而自行調節，亦即人依其工具理性作一最有效率的計算考慮時，結果就自然形成一個均衡。

　　自由經濟觀念的第一個特性，是抗拒國家經濟的統制，反對中央計畫經濟，避免國家權力干預經濟活動產生特權獨佔現象。這也與消極政府的觀念相配合。第二個特性是強調私有財產之莊嚴性，認為私有財產之存在是個人經濟行動之動力來源。私有財產促進個人利益之追求，而個人利益又導致公共利益，因此私有財產亦為公共利益之基礎，這樣就從一社會的角度肯定了私有財產之價值。然而，自由經濟在現代文化內部卻與福利社會的觀念直接矛盾。福利社會是要在服務與報酬之外，給予弱勢者一基本滿足，這與自由經濟相牴觸，因為在一社會中有人不勞而獲，這就破壞了全體的均衡。直到今天為止，兩者之間的矛盾仍然是一還未得解決的問題。

　　傳統中國的小農經濟，對這套自由經濟制度是全然陌生的。中國的重農輕商政策，即要求運用政府權力干涉經濟，這就根本妨礙了自由經濟的可能發展。至於私利與公利之相成，則中國更是從無此了解。

3. 社會多元化問題（社會組織的多元化）

　　越是在古代，社會制度內部之齊一性越強，但在現

代社會則有分化的現象，分化的結果是各種不同性質的社羣組織產生，此即多元化傾向。多元化社會的主要特性，即在以契約觀念代替自然理分的觀念（contract vs. duty）。

社會行爲的規範在較老式的社會中（如希臘、羅馬、歐洲中古、中國與印度等）都認爲人與人之間的關係，在客觀上本有一理分（例如中國五倫），這種理分是先驗地存在於人與人之間。社會多元化之後，則人際關係是基於契約，以彼此承諾同意爲原則（比如婚姻也只是一契約，規範男女雙方的權利義務），如此則自然之繫帶愈來愈鬆。

中國基本上是一家族實體的社會，包括政治組織、經濟活動乃至民間互助的組織，都是以家族爲單位，這與現代西方社會轉向多元化以契約爲主的觀念，格格不入。這一切差異，構成了中國受西方文化衝擊時，種種融合上的困難。

現代西方文化之出現是一事實，面對這個事實，中國的問題不在於「選擇」走中國傳統的路，抑或接受西方影響，而是被一強勢壓力所迫，不得不面對因應。中國現代的文化運動有一明顯被動性，並非自主地作一全

盤考慮之後所作的價值選擇。而西方現代文化在本質上是與中國有一尖銳衝突的異質文化，因此倘若以和事佬的態度欲作調和中西之圖（比如以中國古有的民本比附西方民主觀念），則全然無濟於事。中國面對此一完全異質的西方文化的強迫性壓力，自然成了一個困境。然則，中國文化的轉型究竟可以怎樣做呢？從理論脈絡的角度，我們可以提出幾種不同的方式。

四、理論脈絡

（一）文化變形之可能模式

1. 拾取式：體用觀

最自然的文化變形的想法是一「拾取式」的想法，即如「中學爲體，西學爲用」，保存自己、吸收別人長處。然而這個講法所接觸的文化變形，基本上是一很低層的、表面的變形，譬如古代中國從西域等地也零碎地吸取一些文化內容。張之洞＜勸學篇＞講「中學爲體，西學爲用」，其實他的「體用」一開始就用錯了，嚴復當時卽曾批評說，安能甲體有乙之用？但張之洞講「體

用」，原其本意，其實是指一核心與外圍的關係，亦卽「本」與「末」。然而卽就本末而言，其在文化變形上所能發揮的效用，也是非常有限的。

「體用」的想法雖然是自然的、接近常識的想法，但其缺陷也是很明顯的。它根本忽視了文化的整體性。

2. 代換式：整體觀

整體觀牽涉到一內部改造的問題。依整體觀，每一文化內部的環節，彼此之間不可割裂，所以如要改變就要全部改變。這個想法在中國文化運動中，不論新舊，卽傳統與反傳統都取這種想法。反傳統一派是懷疑中國傳統制度，因此而有改制的想法，再一轉卽成五四以後的全盤西化。全盤西化意卽如果我們要有西方的技術，就要有西方的制度，要有西方制度，就要有西方的心態，所以要全盤西化。順著整體觀說，全盤西化應是一當然的結論。另外一面，傳統主義者也採取整體觀，認為從觀念到制度到生活，是一個整體，因此主張改變我們原有的價值觀念，吸收西方的價值觀念，以此來開出西方文化成果。不論是反傳統還是認同傳統，兩面的思考方式都同是整體觀。

　　然而整體觀的文化變形論究竟是什麼意思呢？是說中國人先把自己變成歐洲人，然後就會有歐洲文化嗎？問題在於怎麼變？　中國人怎樣能夠先變成歐洲人？　這裏就有一 concrete universal 的問題。　舉例來說，　倘若你問別人你怎樣可以成爲一個大數學家？別人就回答你：　只要變成像 Hilbert 那樣，　就是一個大數學家。然而這個回答眞答覆了你的問題嗎？這個回答當然也是「眞」的，但問題在於你如何變成 Hilbert 的過程並不因爲那句話的「眞」而確立；換言之，Hilbert 代表大數學家的那個 universal truth 到底怎樣能應用到你的情況上，　這中間就有一具體的過程需要說明。　僅只是 empty universal 並沒有解決問題。就個人而言情況如此，那麼，說一整個民族要變成歐洲人，重複歐洲創造文明的歷史，其如何可能也就很可疑了。

1991年10月11日講（尹昌淶整理）

第二講 中國文化路向問題之 形成與演變（續上）

前次談理論脈絡的問題，主要有兩種文化變形的可能模式：一是張之洞「中體西用」的想法。他的想法是一「拾取式」的想法，這在歷史上很多，但多爲零碎成績。然而清末所面臨的制度原則、價值觀念的種種挑戰，都不是「中體西用」這個觀念可以應付的。在理論上張之洞也未考慮「體用」，即本末之間的種種困難。

第二種是「代換式」的想法。這種想法背後是文化的整體觀 (holistic view)，這整體觀在理論上是以 Hegelian Model 爲代表。我們若要了解、觀察一個已成型的歷史文化，整體觀幾乎是個共同假定。但講文化變形，中國文化在西方文化壓力下應有什麼反應，這涉及我們實際上應如何做，若用 Hegelian Model 則會產生很大的理論困難。這便是所謂代換的問題，用常識的話來講，即：是否要中國人先變成歐洲人，再重行創

造歐洲文化成果？

　　我們若以現代文化人類學、心理學成績來審視文化演進的一般規則，則代換幾是不可能的。譬如語言的學習，嬰兒學母語，這是一原始學習，若再學其它語言，則一定通過母語，而不會是先把母語丟開再去重新學習。這在現代詮釋學已有很有力的論據。人是通過已有的文化影響，再去學別的文化成果，就好像小孩先會母語，再通過母語去學其它語言一樣。所以 Gadamer 在他奠定現代詮釋學的名著 *Truth and Method* 一書中最後就說：假定我們希望不受文化影響而去面對新問題的話，則為時晚矣 (we came too late)。

　　我們提這些理論背景，旨在說明我們有充足的學術理由去懷疑「代換」是否可能，若假定在文化中存在的個體一定帶著這文化的影響去學其它文化，則不可能「代換」。「代換」（例如全盤西化），是要整個換掉，但必要假定「換」在理論上是可行的、可能的。以我們今天的學術成績可以說，「代換」是不大可能的，我們也沒有理由用代換方式來發展文化。

　　以上二點都成困難，所以，我們需要對文化變形問題重新再作深刻的反省。

（二）變形問題之再省察

現在我整理上面所講的話，提出兩對有關理論區分的觀念：

1. 結構與歷程

我們面對中國文化路向的問題，是希望能討論出理論層面的一個可能的出路。在此，我們先提出結構分析與歷程分析這對觀念。分析一個已存在的、穩定的文化系統，我們特別注意其文化內部的「結構」。結構的意思可以包含我們前面講的文化整體性，但我們現在講的是理解過程的方法，在方法論上是一個結構的解析。但假定我們從文化現象的流轉上看，比如：人如何生活，如何學習等等，這文化現象所牽涉的就不是結構問題，而是「歷程」的問題。一個文化行為如何出現、如何發展，這是歷程問題。分析已成形的文化，例如希臘文化、中國古代文化等，對這些歷史存在，我們可以靜態分析其結構。但我們若要改變中國文化，則這是一現象層的問題，是個歷程分析。這方法論上的劃分，在理論上不難了解。

　　單獨地了解歐洲文化或了解自己文化傳統，可以靜態地分析其結構，分析之後，卽顯現一整體觀；然而這並沒有答覆： 假定這文化要有所變化， 會是個什麼樣的歷程？整體觀很自然使以往的學者， 受到 Hegelian Model 的影響， 這模型是一結構的展現， 由觀念層展開，講精神一層一層客觀化，如何形成制度、成爲一套生活方式。這很容易使人覺得由基本觀念一步步外化，是唯一可行的歷程，使人認爲只要先了解中國傳統價值與西方歐洲價值有 何不同， 中國人改掉了 那些傳統價值，於是西方文化成果就理所當然可以生出來。事實不然。

　　我們可以用理念世界和生活世界兩個面向構成一座標系，以此說明理念的展開與現象的出現，二者並非同一個面向。以英國大憲章爲例， 由結構分析的角度，可以說它的精神是現代憲法主義的根源，不過若從文化現象歷程分析來看，則大憲章的出現並非先肯定了憲法主義的價值， 而是一社會利益衝突的結果。 從中古到現代，憲法觀念的出現'， 不是由理念價值所帶動； 相反地，是在現實政治權力關係改變之後，面對限制皇權的制度，事後給與理據與合理性。這合理性又使這理念繼

續發展，因此如人權、契約等觀念相繼被提出。所以，理念與現象這二個軸不一定哪個在前，哪個在後。原先那些面對中國路向的想法，其所以容易陷入困境，卽因大家未將結構分析與歷程分析這二層分開，也未區分現象與實體這二層問題。

2. 創生與模擬

大家都知道 M. Weber 認為基督教倫理是資本主義文化的根源，從資本主義文化裏才產生政治經濟現代化的問題。在 Weber 的理論中有二套陳述，一方面他說資本主義文化在歐洲的發展歷程是不可重複的，另一方面又說資本主義文化一經出現，就成了世界史的一部分，改變了世界。這二套陳述似乎有一表面的衝突，但在 Weber 思想裏則並沒有衝突。他背後有個理解不曾明白標舉出來，我們可以進一步代他提出，卽藉創生 (initiation) 與模擬 (imitation) 一對概念來說明。這對概念本為解釋 Weber 背後的那層理解，我們現在以此來展開我們對於文化變形理論的看法。

文化的創生是一回事，當文化已經被創生出來後，別人再來模擬、學習，則是另一回事。依 Weber 的意

思，基督教倫理以那樣曲折的過程生出資本主義文化，這是歐洲現代文化創生的過程，而別的民族或國家要想接受、學習資本主義文化，則這時不是一創生的過程，而是一模擬的過程。個別的國家、民族學了多少是另外一回事，但都是模擬學習。簡單地說，創生與學習二者所需要的條件不同。

舉例來說，倘若我們做文學批評，分析李白的詩。研究李白如何創造李白的詩，我們有一套分析方法看他的社會環境、成長背景、心理狀況等等，這些條件共同促成了李白寫出那樣的詩。但另一個人如要學作李白的詩，他所需要的條件並不是要創造出與李白的時代相同的條件，而是另外要有個學習的能力與技巧，這個能力可能在李白本人根本就沒有。李白在那些條件下創造李白的詩，這個人在如此學習條件下去模仿李白的詩，創造與模仿的條件可能完全不合。在文化史上，模擬與創生是兩個不同的潮流。一個民族之文化變形，有內在不斷創生的問題，也有外面吸收學習的問題，就結構與歷程講，則創生重在結構分析，模擬重在歷程分析。模擬時不一定是先要模擬那個觀念，然後才生出那些東西，尤其不是重新來個創生的過程。

文化史上最典型的模擬的例子是日本。日本與中國同受西方壓力，日本的明治維新與中國自強運動也差不多同時，然而日本的維新並不認爲要脫胎換骨，把傳統信念、價值都丟到茅厠去，日本文化是很自覺地在模擬。由文化史眼光看明治維新，他所改變的主要是效率層面、技術上的東西，至於當時的日本憲法（作爲根本理念）則仍是皇權欽定的憲法。日本改變了效率以成爲一軍事強國，但一直要到二次大戰結束後，它的憲法才作了大改變。日本人並不拒絕吸收新文化進來以後，再從內部作一相應的改變。日本西化的歷史，恰可說明創生與模擬的不同，文化變形本來可以不需經過再創生一次的路。日本至今的生活仍有許多保留傳統的地方，他沒有代換的意思，但他模擬得越深，內部自然會有些改變、調整。

講文化變形，應從方法論上，先把結構與歷程分開，第二步再澄清創生與模擬。模擬，在每個文化系統中都曾出現過，有其不同層面、不同程度的模擬。模擬活動本身亦有低級序的創造成分，但仍不同於原型的創生。希臘文化亦並非全是創生，基督教文化也是由希伯來文化變形而來。希伯來文化在特殊的機緣下在歐洲生

根，與原先希臘羅馬文化交互影響，於是產生中古文化等等。「模擬」聽起來似乎叫人洩氣，但並非丟人之事。我們如果客觀地看待中國文化改革運動，則從清末經五四再到馬克思主義統治中國，一路行來，都不曾將模擬與創生劃分清楚。中國人始終想的是如何從價值觀念處來一個根本改造。然而文化史的發展不必然由觀念開始，西方文化史也證明這一點。如果想先改變自己的價值觀，再依此生出文化成果，則很容易陷入一代換的困境，在實際運作上也難竟其功。

張之洞的理論至庚子時，已有嚴復等人認為行不通，然而究竟文化變形該如何變，則仍然提不出一個更有力的理論。經過洋務自強運動、改制運動，再進一步到五四運動的全盤西化，整個傾向都一致趨於文化創生的態度，全盤西化就是其理論後果。全盤西化的心態與熊十力先生至唐君毅先生的新儒家的主張似乎相反，一個主張連根拔掉傳統，一個主張保留傳統，但二者的思想模型其實是類似的，都主張由價值觀念下手，尋求文化的變形。這裏有一很微妙的 paradox。他們都未曾區分歷程與結構的不同，創生與模擬的差別。我們可以說，自清末有文化變形的需求開始，大家就朦朧地採取

一個結構分析的立場，其結果是文化運動徒勞無功。原因是漏掉了歷程分析。

1991年10月18日講（陳中芷整理）

第 三 講

中國文化運動之初期

一、歷史的惰性： 自強運動的背景

在清末自強運動出現時， 整個當時政治外緣的條件中， 具有決定性的是政權內部合法性的爭議。 這爭議是由辛酉政變開始， 決定了晚清政權的基本架構。

我們了解歷史事件的演變， 除了基本定向問題， 另外還有歷史惰性的問題。 歷史的惰性卽 Hegel 所強調的： 客觀上該出現的東西， 爲什麼拖遲了幾十年才出現？ 作爲哲學家， Hegel 只要稱其爲歷史的惰性， 就一語帶過了。 但就史學而言， 在這些問題關鍵上不能放鬆。 歷史的惰性何以形成？ 自強運動的出現， 乃是呼應文化變形的要求， 在開始時， 本來速度可以快一點， 但結果進展遲緩， 甚至落於日本之後。 爲什麼中國回應西方挑戰時， 會有這麼多阻礙， 這涉及中國政治情境。

滿清以部落建州， 在特殊機緣下統治了中國， 歷來親貴皇室與社會之間原就有許多衝突， 而清末的辛酉政變， 更使清政權增加了一層合法性糾葛， 使當時的運動平添變數。 清皇室中葉以後已然漢化， 但對祖宗家法則特別重視。 清朝原本規定輔政制度， 若皇帝年幼卽位，

則由親王或大臣輔政，不許后妃干政。輔政制度在清朝內部是有其傳統合法性的，然而在辛酉政變中卻廢掉了咸豐指定的輔政大臣，一改而爲太后垂簾聽政。垂簾聽政雖在前代歷史也有過，但就滿清而言則不具合法性。

我們或許可對咸豐死前遺詔立八大臣是否出於自願進行考證，這是一個疑案。但專從法律上講，則這遺詔是公開合法的，則毫無疑問。八大臣之立引出了兩重問題：一是親貴集團中恭親王奕訢的態度；一是八大臣壓抑后妃的作法。

恭親王奕訢與咸豐關係特殊。咸豐生母死得早，由奕訢母親一手帶大；道光立咸豐爲皇太子之時，同時也封奕訢爲恭親王。奕訢封爲恭親王，本應是咸豐即位時才行册封，道光此舉是怕他們二人互爭，有安撫奕訢的用意，但也側面反映了咸豐與奕訢間之緊張關係。自此咸豐即始終對奕訢有所疑忌，直到咸豐躲避英法聯軍，出走熱河行宮，卻將奕訢留在北京處理聯軍的難題，主要也是使奕訢遠離權力核心。而在咸豐死後，奕訢畢竟走上了爭權的路，適巧，歷史也給了他一個機緣。咸豐遺詔輔政大臣以端華及肅順爲首，由於他們防抑后妃干政過甚，以致引起慈禧的反彈。結果兩邊各由御史發

動，一邊就上奏請垂簾聽政，另一邊則上奏彈劾這事違
背祖制。於是慈禧與慈安密詔奕訢共商計策，以輔政大
臣有意纂位作爲表面理由，賜死了肅順。本來，即便缺
了輔政大臣，還可以另立輔政大臣，但因爲后妃與親王
目的在勾結奪權，於是事件之後就改立了一個議政王制
度，而由太后垂簾聽政。如此，便形成一個不合法的政
權。由於其不合法，所以始終對那些不屬於他們集團的
勢力，採取一防備警戒的態度，這就形成了清末政治中
央內部種種病徵的根源。

　　正當此時，太平天國尚未平定，而滿人軍隊一直無
法有效攻克太平軍，唯一可用的，便只有曾國藩所代表
的漢人勢力。咸豐早年不重用曾國藩，湘軍受到很大的
壓抑，等到滿人的江南大營崩潰之後，咸豐臨死前二年，
才給曾國藩權力。如此一來，在清廷當時內部就有一親
王與后妃不合法政權的問題；而在外面，則有漢人勢力
抬頭的問題。奕訢其人有手腕，他一面與后妃勾結，一
面對外收買人心。舉例來說，曾國藩圍攻金陵久打不
下，不巧又發生瘟疫，死了很多人，於是曾就照例上奏
請辭，稱自己德不足，不足以擔當此任，請朝廷另派親
信重臣。但清廷以恭親王爲代表的中央則回詔說，這也

可能是朝廷行事有什麼錯誤，所以上干天禍，未必是曾本人的錯誤云云，且今日還有什麼人可擔此重任？這種口吻在從前清皇室詔書中，絕不可能出現。這就可見恭親王的手腕。客觀上，奕訢極力要收買漢人，但他又處處防備。如金陵攻下後，清廷便密派旗人大將微服至長江口視察湘軍動靜，因當時傳說曾國荃想造反；看了幾天確定不會造反，曾國藩封侯的詔書才下來。如此，當時政治環境非常扭曲，基本上分成三個勢力：一是不合法但已執政的后妃與親王結合的現實政治中央；一是不贊成后妃垂簾的大臣；一是以新興勢力爲主的漢人勢力。

再回到自強運動來談。自強運動一開始最重要的文件是李鴻章的〈議海防疏〉，在此之前清廷並沒有一正式的洋務計畫，當時稱洋務爲海防，李鴻章此疏提出一個較全面的計畫。所謂「此三千年來一大變局」，即語出此疏，後來梁啓超也說這話。李鴻章看出中國所面臨的是前所未有的挑戰，因此要有個新計畫及新的心態來處理，而不是在枝節上改革，所以他提南北海防，海防不僅只防守，而是改革生產、改革制度、軍備。於是而有「南沈北李」主持洋務運動：南方沈寶禎，北方李鴻章均爲漢人，一是湘軍出身，一是淮軍領袖。至此，清

廷不辦洋務也不行了，因外來壓力越來越大；而辦了之後，財政權及用人權都交到南北洋大臣手中，親貴派基本上又不放心。李在天津辦洋務，每年經費報銷，戶部都要核減，儘量裁抑，就是明證。

自強運動就在上述如此不利的環境下展開。

二、西方文化之挑戰與自強運動 （救亡意識之湧現）

清廷內部自強運動之背景既如上述，而對外的環境又如何？中國過去與世界隔離，在自己勢力圈內的對外溝通是有限的，較遠不過是波斯與印度。與印度的交往是通過宗教信仰，沒有涉及政治權力的衝突與變動；與波斯的交通，則是因西域小規模的經濟貿易關係，也沒有扯上政治利害。中國歷來沒有面臨外來勢力直接在政治權力上的挑戰。而今資本主義文化向世界的擴展，如列寧所說，是帶著帝國主義的色彩。表面上資本主義的對外擴張，目的在經濟通商，實際上則是要取得支配權、控制權，此所以英國首先將印度作為殖民地。清末中國面對西方帝國主義的侵逼，並沒有警覺性，而內部三股勢力本質上又難以合作，於是內外交相激盪，形成

了晚清的政治基調。洋務運動雖然是清廷公佈的政策，但實際實行起來，幾股勢力卻互相掣肘，不能同心。吳永「西狩叢談」記載庚子事變前後之事，吳本人是李鴻章的幕僚，「西狩叢談」記載李鴻章晚年對洋務運動失敗的看法。從書中所記，我們看到，事實上李心裏始終明白這幾股勢力勉強牽合，但也只能在此緩求圖強。

甲午之役的失敗是對自強運動最大的打擊，甲午之後大家都說局勢是李鴻章搞壞的，李變成了全國指責的對象。然而，自強運動失敗了，問題卻並沒有結束，來自西方的壓力仍在，而社會思想也由此而轉進改制階段。在改制思潮出現以前，不僅是張之洞，就連李鴻章也都限於技術層面上的改革，尚未對政治要求大改革。甲午戰敗後，改制浪潮昇高，康有爲這批人都在此時醞釀他們的立憲改制的主張，因此而有戊戌變法時的議政等等想法。自強運動雖然失敗，但社會思想仍在發展，由技術層的改革，進一步到要求政治制度上的改革。這往前推的一步，回到我們所說的 Hegelian Model 來看，表現出大家對文化整體觀又進一步的肯定。

當初講改制的人，其理論水準實際上達到什麼程度？當時，他們儘管強調制度的重要，但仍未了解制度

背後是一個價值觀念實踐的問題，改制主要是在政治制度運作的效力上講。從甲午至戊戌這幾年間，各地出版的大小報刊，談制度改革的，大體都集中在這個層面上。例如比較中國司法制度和歐洲司法制度如何不同，歐洲法庭如何開庭、審問等等，都未觸及背後的人權、自由、個人主義等觀念。

三、文化「整體觀」之醞釀

就文化整體觀而言，由技術層面進到政治層面的發展是無法停住的。我們設問：為什麼西方有如此的技術？回答是因為他們有如此的制度。我們再問同樣問題：為什麼他們會有如此制度？這問題就自然逼出一個觀念基礎的答覆：因為大家肯定某種價值判斷、某種信念，才會支持如此制度。不過，這一個想法要到更晚的時候才出現，這裏依然有一歷史的惰性。

自強運動在極不利的政治環境下展開，但由於一歷史惰性，終使其發展受挫。而由技術層轉到制度改革，其展開過程更是處處荊棘，壽命更短，受歷史惰性的限制更大。由甲午至戊戌，前後不過五年，大部分的改制

都歸於失敗。

就長期來看，當時的改制運動分成二部分：一是訴於朝廷，卽由康有為的「公車上書」開始，其目的是希望掌權者變法改革，這是對當權者講變法；另外則有孫中山等人的革命改制思想。孫中山多了一層民族主義的問題，卽所謂「驅逐韃虜，光復中華」。二者最大的不同在於：一邊是通過現成權力來進行改制，另一邊則涉及民族革命，企圖以奪取政權來改變現況。但二者仍同以改制為共同目標。

如果從理論上來談改制，那麼一定會追究這個制度的特性，何以有效？進一步就再問：這種制度是為何種價值觀所支持？因此很快地在理論上就會進入價值觀念的層面。但就當時事實來看，則離這層還很遠。康有為、梁啟超變法失敗後，同盟會由朱執信、汪精衞等人執筆的民報，和梁啟超的新民叢報在日本展開變法大辯論。從這場辯論可以發現，雙方談西方思想仍是片段、破碎的，但卻也逐漸顯出另一個意義來，卽本來兩邊是談改制，要不要帝制、君主立憲等等這類問題，可是越來越無法避開觀念基礎來談。儘管如此，這個時期的運動仍未走向真正觀念的建立。這整個機緣要遲至五四運動時

才發展出來。而五四運動開始時，也不是一思想運動，而是因巴黎和會的問題，產生的政治抗議運動。然而，在五四前後，知識份子所作的，已經主要是將文化改革推向思想層面，化成價值判斷選擇的問題。

就歷史而言，自強運動複雜萬端，我們在此也只能說自強運動沒有收到它的效果，主要因爲它處在不利的歷史環境下。其後，勉強跳到制度改革層面，但由於其時的社會條件更加薄弱，也因此比之自強運動失敗得更快。百日維新之時，連他們同時代的知識份子也少有同情維新者，更不必說一般社會對此的想法，而他們也沒有時間在社會上作宣傳。洋務運動是因外國人有堅船利砲，我們沒有，因此要造兵工廠等等，朝廷、一般社會對此較易接受，其問題只在洋務撥款使漢人權力大增，引起了當權者的猜忌。相對地，改制運動如此重大，但卻可說是毫無準備，只集中在幾個知識份子間打筆伏，急促地轉向思想層面。如此，必須要等到在思想上更有創發性的人物出現，才能眞正在這條文化改革的路上推進一步發展。

訴諸於朝廷的改制運動失敗，而起自民間的革命改制仍繼續發展。改制運動到了辛亥革命，似乎是成功

了，然而辛亥革命本身自有其特性與局限，中國文化運動是否因此而得到新的解決路向呢？在下一講我們將對此有一說明。

1991年10月18日講（陳中芷整理）

第 四 講

中國文化運動與
五四思潮

一、歷史背景：從辛亥革命到五四運動

辛亥革命是一政治革命，其結果造成了國民黨的革命專政路線。

英國哲學家 Russell 於民初 （張勳復辟第二年）來到中國，其後寫了一篇文章：＜東方人是不是不可了解的？＞。Russell 認為中國民族難以適用歐洲的標準來了解，歐洲任何一次政治革命，若是能推翻王權，其結果不是將皇帝殺掉，就是流放；中國則當政治革命之後，皇帝既未被殺，也沒有流放，只是將其限制在紫禁城，排除他干預政治，而過了一段時間，突然有人主張復辟，然而北京亦並沒有因此發生動亂。再過幾天，復辟失敗了，一切又恢復一如往昔。Russell 認為這種情況在歐洲人看來是無法理解的，其所以無法理解，即因東西方背後所假定的社會觀念、價值觀念不同。Russell 的說法顯然並未真正了解辛亥革命的本質。辛亥革命後，宣統為什麼還住在皇宮中，既未被殺，也未被流放？這表示中國人在王朝更替時，就沒有殺戮的事情嗎？不然，中國每次朝代更替都有很多殺戮。然則，辛

亥革命是怎麼一回事呢？在這裏，我們首先要了解，辛亥革命之後，中國現實政治之所以如此特別，其根本原因在於辛亥革命本質上乃是一政治妥協之產物。

判斷革命是否成功，通常以原有勢力之崩潰，新興革命勢力掌握統治權力爲標準。辛亥革命在清廷退位之時，表面上好像成功了，然而這並不意味舊勢力已經完全消滅；相反的，辛亥革命的成功，乃是革命黨與代表舊勢力的新軍妥協，共同推翻了清皇室。新軍領袖袁世凱於戊戌政變中，倒戈支持慈禧，以致維新失敗。當宣統繼位，醇親王當政，於是藉口「袁世凱患病請假照准」，將袁免職。袁失意之後，卽盤算如何聯合反清的民間革命勢力，以便推翻清廷皇室，再來當權。據《袁寒雲日記》（袁寒雲爲袁世凱次子）記載：當武昌革命爆發後，清廷一方面起用袁世凱壓制革命軍，一方面爲要表示朝廷的寬大而釋放行刺攝政王的革命黨人汪精衞。汪出獄後，卻首先往見袁世凱，因爲袁早已派人和革命黨互通款曲。袁是一受命平亂的人，但卻秘密接見革命黨人，由此可見袁和革命黨的關係乃是彼此互相利用。

革命黨原由幾方面不同的勢力共同組合而成，「同

盟會」即表示它並非單一團體。同盟的革命勢力在思想
上共同的主張很少，如黃興、孫中山、章太炎等人的想
法都不一樣，唯有「推翻清廷皇室」是一共同目標。武
昌起義，孫中山在海外即主張與袁作一政治上的妥協，
若袁支持革命，則推翻清室之後，允讓袁世凱做共和國
總統。孫中山一生革命，所要推翻的是清廷的權力集
團，而袁正是這個集團中的人，然而革命成功之後袁又
擔任總統，這在外人看來又成了中國人的特性，難以理
解，其實這是當時形勢有以致之。辛亥革命之所以不同
於法國大革命，根本原因即它是一個政治妥協的產物。

　　清末以來，文化運動由技術改革而制度改革，而思
想文化改革。技術改革(洋務運動)失敗後，到了改制階
段，但最後卻成了政治妥協；表面上清廷是被推翻了，
可是制度改革並沒有獲得真正的實踐。例如第一屆國會
議員的言論，以及大眾對他們的期望和想法，都仍然保
留以往傳統皇朝的觀念。袁做總統以後，其夫人寫信問
他：到北京要行什麼樣的禮？用什麼稱呼？她儼然以為
袁是一皇帝。當時整個社會的了解反映出政治變革是十
分遲滯的，人民並不真正了解其實質意義為何。辛亥革
命唯一的成效是把皇室推翻了，但在制度上則既缺乏思

想的基礎，又無制度的設計，連如何組閣、國會如何運作，都議論紛紜；名義上已是民國，但所謂民主制度，不論在內部設計或思想基礎上都非常薄弱。

中國從自強運動到辛亥革命，最大的問題在所謂「現代化」或「西化」沒有從基層的、正面的工作來做。自強運動處於一不利的歷史情境下，其失敗有種種原因，面對失敗，人的反省可以有兩個不同的態度：一是在原有的基礎上繼續加強，一是跳到另外更高的層次中進行改革。中國人當時選擇了後者，於是主張制度改革。然而社會的進步，應求在每一層面的功能都已飽和了，再求向上發展，若功能未達飽和就急急於往上跳，其結果往往造成社會體質的虛弱。中國的悲劇，即由於跳得太匆忙。

辛亥革命之後，表面上中國文化改革運動好像進入一個新的階段，但實際上所有舊的困難都沒有解決；非但困境依然，甚且更因此造成了若干扭曲現象。其中之一即軍人勢力日益高漲。袁以軍權而取得地位，袁死之後，他所留下的勢力開啟了北洋軍閥時代。軍閥時代的特徵即軍權獨大，面對這個龐大的軍權，孫中山唯一再造革命的辦法，就是到南方另外發展軍力，如此即有國

民黨的黨軍。軍權對中國事務的宰制愈大，就愈具專制政治的客觀條件，而就文化發展而言，這是最不利的情況。辛亥革命由於是一政治妥協，因此改制終歸失敗，改制的不成功喚起了社會普遍的失望，此時中國的反應仍一如從前要跳高一層，卽邁入思想文化的改革。五四運動所代表的思想文化改革，正是繼從前的改革運動而來，倘若人們對前一時期的制度改革成果，還能寄予希望，則思想文化的改革便可以慢慢進行。但現在的情況則是制度改革無成效，跳上一層，求思想文化的改革。

二、五四運動之成就與問題

五四運動當然有很大影響，但其眞正成就則不能算很多，主要有三項： 語文改革、知識分子之現代化，以及社會規範之移轉。下面分別略作析述。

（一）語文改革

語文改革的意義並不在於以語體文取代文言文，而在於有關語文的表意問題，此卽牽涉語言哲學。

語言是一表意的建構，文字本身與語法 (syntax)

之間如何連繫，都與語言的表意功能有關。中國古文有句法 (syntax) 的限制，但在「字」的構成上則無限制，中國古文的語法不是「主賓詞式」的，這與希臘文、拉丁文、英文、德文都不同，「主賓詞式」的主詞、賓詞和描述詞都很確定，但中文則常常一句話很難說是否有特定主詞。這一點不一定有好壞，只是說其特性如此（關於「主賓詞式」的問題，A. C. Gramham 討論很多）。這種語法使中國組織概念的程序受了一定的限制，有些概念或想法在這樣語法中特別容易表達，有些東西則 特別難表達， 例如取一段朱子 的話譯為英文，總覺意思不大對，必須加很多子句來描寫，這即代表英文要表達這個意思很不容易，相對地，從希臘文、拉丁文翻譯成中文也有同樣問題，此即一表意結構的問題。

白話文運動最大的作用是取消古文法的約束。語體文所排除掉的並非是古文的「字」，而是古文法。然而當時主張白話文的人則並不強調這一點，例如胡適之先生就特別強調文字的意義。文字和現實人生語言根本是有距離的，古詩自與口語不同，然而新詩也不等於說話呀！文學的性質自有其要求，如韻律、意象、組織等，

都與日常語言 (ordinary language) 不同。所以倘若說古文是死文學，而白話文則是活文學，這樣反而使語文改革的主要意義不明了。眞正的意義是打破古文法的約束，使中文通過語體文成爲一個新的表意結構。在這個意義上，語文改革確實影響了我們的思維和傳意。

中文就「字」而論是最鬆的語言，並沒有多大的使用限制。翻譯上不足達意，就多用幾個字，這並不會發生困難; 主要的限制是在文法上。捨棄古文法，在表意結構和思維傳意上卽都引起很大的變化。這才是白話文運動的根本意義。胡先生一生致力於語文改革，卻始終沒有注意到這個區別，原因是他對語言哲學並不了解，所以他不能就認知功能、表達功能上講，而只就文學的功能立論，以此來抨擊古文，主張白話文。《嘗試集》極力要把詩作得像日常說話一樣，然而，新詩若要有其文學功能，也不能太像日常語言，就此而言，《嘗試集》是不成功的。但胡在重新建立語文結構方式上則算是成功的，因爲去掉了古文法的約束，便可以很容易地把西方的語法、句法吸收進來，所以很多話現在說出來，可以很容易就翻譯成英文。現代中國人很多已不知古語法爲何了，就傳統講，這是一個損失，但就語文本

身講，則另外產生了新的內容，這種新的成分使我們更容易吸收西方的觀念。

（二）知識分子之現代化

五四運動之影響，並未使中國社會現代化，而只造成知識分子的現代化。五四運動雖觸動社會十分巨大，但並未促成制度的現代化；中國社會結構的改變，在中日戰爭之後才有眞正的扭轉，五四運動的影響，大多只局限於知識分子。

知識分子的現代化，首先卽表現在否定傳統的價值與規範。中國從前是一家族實體的社會，家族中的道德標準，一向有其強大的約束力。可是五四運動後，大批知識分子的生活方式與態度則明顯脫離了此一規範，這成爲一時的趨勢。五四運動一方面是很有意義的文化改革，它影響了思維方式，但另一方面，在文化運動如何改造社會上，它並沒有提供一正面的主張，它只是造成知識分子心態上的現代化，卽離開傳統，但究竟以什麼來代替則不淸楚。

民主與科學是五四的口號，然而當時對民主與科學的理解如何？以「結構解析」與「歷程解析」來看，談

民主必須回答兩層問題：一是就結構解析而言，民主所根據的價值觀念為何？一是就歷程解析而言，我們沒有民主政治的傳統，必須向西方學習，然則要從哪裏學起？五四時代提倡民主與科學的人從未考慮歷程的問題，他們大都只強調價值理念；然而制度的產生，並不因為從價值觀念上給予肯定了，自然就會生出，而是需要一學習的過程。五四一代的學者對於如何實現民主與科學，並未做出實際的成績，它所做的僅是改變知識分子的心態，即形成一反傳統的傾向。

（三）社會規範之移轉

五四運動除了在語文運動上有正面成就，使中國語文脫離古文法的約束而擴張其表意功能以外，促成知識分子之現代化，亦是影響重大；這兩點皆可算是正面成就。此外，另有一點社會影響，未必可說是有多少正面意義，但仍甚為重要。這就是：五四運動造成了社會規範之移轉。

前面剛說過，五四運動並未直接改變社會基層結構，那是就制度的層面講；現在說五四運動造成社會規範移轉，卻是另一件事，屬於心態層面。這兩個層面不

可相混，若混起來，即無法了解我的意思，或許反會以為我的論點有甚麼矛盾了。

所謂社會規範之移轉，主要是指規範之穩定感的喪失。在五四運動以前，中國的衰亂雖似乎已將這個古老社會弄得面目全非，但在心態層面上，許多已成的社會規範仍然照舊發揮功能；換言之，基本的生活態度並無大變。換言之，社會規範仍是相當穩定。

五四運動改變了知識分子的心態。雖然這並不能使社會規範直接隨之而改變，但知識分子本身是社會的一部分，而且又是最能主動傳播觀念的一個社羣；他們既然脫出傳統規範的限制或軌道，這就使社會規範的穩定性大大減低。反傳統規範的言論漸漸流行，一般人的心態開始接受它們的影響。大家既不再很自然地維持規範，規範本身便有移轉的趨勢。

不過，原來穩定的規範，現在變得不穩定，卻並不表示新規範也在形成。規範有移轉之勢，但移轉到那裏去，卻又無所決定。五四運動的反傳統思潮，對於知識分子說，是有積極作用；對於社會說，則它只是動搖了原有的心態，而為社會結構之改變提供了條件。就這一點講，可說只有消極的作用，因為它並未能決定新的途

向，無論在心態層面或制度層面看，皆是如此。

很多攻擊五四運動的人，都說五四只能破壞而無所建設。這種論調唯一可以適用的地方，就在上面所說的這一點上。由此，我們將這一點列爲五四運動的成果之一，儘管我們可以說：這種成果只是消極性的，與前兩點不同。

三、五四運動之後果與反響

（一）開放潮與西化潮

就五四在思想上的後果來說，它造成了開放潮和西化潮。如蔡元培掌管北大卽採開放原則，任何人只要其思想內容符合學術標準，都允許公開講授。這與中國舊有的道統觀念，明顯不同。另一方面，由於很長一段時間中，中國始終都在應付西方壓力，所以對於西方文化的學習也蔚爲風氣，例如胡適之談 Dewey，賀麟講 Kant、Hegel 等。西化潮的出現，加速了舊文化秩序的崩潰，不過對一般農村社會而言，則傳統的影響力仍非常之大。

五四以後，一方面思想界好像有很大的信心，卽要

找一新的東西，和傳統不同，並且這種風氣在知識分子間散布很廣；另外一面，則中國政治、社會、經濟秩序一點改善也沒有，民國八年以後是中國政治秩序最亂的時候，其時軍閥彼此攻戰，到處胡作非爲，全無規範或秩序。

　　孫中山一度說五四運動是支援他的革命，其實二者之間有很大的隔膜。孫原本提倡三民主義，但談民權並不表示他卽承繼自由主義的觀念。從自由主義而來的民權觀念，卽 J. Locke 下來的觀念，便構成憲政傳統。孫中山談民權，批評 Rousseau 的契約論，認爲天賦人權的觀念不對，若這個觀念不對，則自由主義的原則也不對。學術界也批評 Rousseau，但與孫中山的批評相反，大家批評的是 general will 有走向集權的危險，而孫中山則說 Rousseau 提倡天賦人權太自由主義了，剛好相反。孫中山的民權觀念和自由主義的傳統並不相接，此所以他認爲民權若要實行，必須經過強迫的教育、改造才可以，此卽「訓政」的觀念。

　　如果我們支持自由主義，則無法了解爲什麼訓政可以生出憲政的結果。訓政的意思是說，有一套已經決定的原則，這原則通過權力、政府的結構或一個政黨，然

後教育給人民，要所有的人都接受。張佛泉寫過一篇文章卽反駁說，由一個團體擬具一個理想，大家都要接受這套理想，你現在還不能接受這套理想，所以我先「訓」你，教導你直到能接受爲止，如此一來，任何理想都可以這樣宣稱：你不能接受我的理想，是因爲你還沒有教育好，等教育好了，你就會接受我的理想。然則，爲什麼是此理想而非彼理想呢？孫中山的訓政觀念自有其考慮，他當時並無資源可用，在廣州軍政府也一度被排擠，最後只能到上海重組國民黨。孫看到蘇聯政權的成功，剛好 Lenin 要推廣其國際共產主義革命，於是兩方合作，決定了國民黨的革命專政屬性。結果與開放或西化的思潮都背道而馳。

（二）理念與現實間之緊張狀態

　　就當時政治現實和社會現實來說，跟知識分子的理念完全不符，大家覺得必要有一實力方能改變現實，與軍閥合作是不可能的，而孫中山的實力則又在衰退中。社會中存在的理念與現實之間的背道而馳，使得知識分子一方面宣揚理念，但另一方面又深深覺得缺乏改變社會的能力。這種理念與現實的緊張關係，促使了知識分

子選擇與現實勢力相結合。

五四文化運動的本來意思，是說前一階段的制度改革不成功，所以轉從思想層面上來改革，這個改革當然是知識分子的工作。然而，知識分子卻只做了一半，即將自己和傳統割離，成為反傳統人物，至於正面積極的文化改造工作，則不但不能有效推展，反而最終需要憑藉別的實力來實現。此即產生一內部自我矛盾，即知識分子本來要主導歷史，改革文化、觀念，但在發現改革運動根本無法推展，理念和現實之間發生嚴重的裂隙之後，於是他承認自己的無力感，因此依附於一外在的力量，一旦知識分子依附於外在的力量，他便否定了自己的主張和地位。如此一來，就轉入下一個階段。

這個階段可稱之為中國文化運動變形的階段，應當作為另一個論題了。

1991年11月1日講（夏國安整理）

第 五 講

中國文化運動之變形

一、民族危機與新救亡意識

自清末自強運動到改制運動、五四思想運動，都還是文化上自己要改革的運動，然而，現在所說的「變形」則是說一種現實的歷史因素介入成為文化運動的主導勢力，其後的文化改造運動都成了那個勢力的工具，附屬於這個勢力。

清末以來，中國即有一救亡意識。五四以後，救亡意識非但沒有淡化，反而愈來愈強，其原因是當時日本隨時想併吞中國。西方國家的外交政策始終持一國家利益的態度，它並不管你是什麼性質的政府，所以當時北洋政府雖亂七八糟，而英美等國依然與之維持關係。唯一注意中國政治走向的，是蘇聯。

二次大戰以後，以美國為首的聯合國的國際共同規範的想法，根本上是對蘇聯國際共產革命運動的反應。蘇聯世界革命的想法，一開始就表示要建立一個世界性的共同規範，所以他對於各國政權性質加以二分：反動政權或是革命政權。凡合乎社會主義路線的國家，蘇聯即許為盟友，不為盟友則為敵人，是敵人則伺機顛覆

之。這種來自紅色政權的壓力，到二次大戰以後，西方世界才愈來愈有深切感受，因此亦要求建立一共同規範，支持民主主義。然而在一次大戰後，國際間並沒有這個風氣。其時英美早已是民主國家，但並不覺得要支持中國成為一民主政權。國際現實既如斯，中國知識分子若要尋找力量改造社會，以便能滿足救亡的要求，自然容易傾向於蘇聯。

表面上，中國知識分子雖然肯定民主，但對民主的真正價值則並不清楚。民主政治並非效率最高的政治制度，而是一能避免最壞傾向的制度，中國人在救亡意識下，情緒上的主觀要求與民主制度的精神顯然不合。民主制度較易於和平的、安全的社會中發揮其優長，但對處於危機中的社會，則無法提供一立卽顯現的效果，所以中國人一開始就與民主政治有一疏離的狀況。五四以後，強敵壓境，大家心中想的是如何使國家更強，至於民主政治對人權的保障，反而成了其次的課題。民主政治未必有用的想法，其後間接促成了烏托邦運動的文化變形。

蘇聯對中國的影響，在世界史上來說，是在歐洲興起一革命專政的思潮，然後通過蘇聯影響及其他地區。

革命專政是一特別的思潮，它不同於舊時的專制，並且反自由、反民主，又與資本主義文化不能相容，它背後即一烏托邦思想。革命專政的思潮在中國有兩支：一支是共產主義，另一支即是孫中山同意國共合作，接受莫斯科支持以後的國民黨。

國民黨和共產黨原是同一思潮衍生出來的結果。孫中山認為要實現任何理想，都需要通過一強力的過程來改造社會，這樣就形成了三階段的策略，即軍政、訓政及憲政。訓政是無法說通的一個想法，但卻成了國民黨的中心思想，這個想法一旦成形，孫中山的思想就有一革命專政的傾向。訓政之矛盾處在於：透過一革命專政的過程，統治者可以教育人民使其懂得什麼是自由，因此而行憲政。革命專政的觀念連接了中國人的救亡意識和烏托邦思想之間的關係。

中國文化運動的變形，在孫中山身上可以看出一重大轉捩。孫中山講民權，曾經熱心介紹西方民主觀念，但他的思想一經考慮如何能改造現實時，即轉向革命專政，最明顯的證據便是＜總理遺囑＞：「凡我同志，務須依照予所著建國方略、建國大綱、三民主義……。」意即所有的人都要接受我的一套設計，跟著我來。這個

想法只有列寧式的革命專政領袖才這個樣講，連舊時皇帝都不會這樣說。孫中山變成革命專政的領袖是他個人的具體轉變，但這象徵了中國已經轉入烏托邦思想階段。（未完）

1991年11月1日講（夏國安整理）

第五講　中國文化運動之變形
（續上）

　　以「文化運動的變形」為標題，意即中國的文化運動，已經由政治社會的大變動取代了文化運動的空間，而進入一烏托邦意識和革命專政的時期。

　　要對這個歷程作一說明，須對五四後的思潮先作一觀察。

二、西方思潮衍生之困惑

　　五四以後的形勢，在社會思潮中主要有三方面的勢力：自由主義、國家主義與社會主義。

（一）自由主義

　　自由主義運動的正面貢獻首先是語文改革，使中國語文脫離傳統的約束，因此思維方式起了大改變；其次它促成了知識分子的現代化。除這兩點以外，自由主義

者還標榜民主與科學，但在實際推行上，則遭遇很大挫折。中國之民主化，並不只是一觀念層次的問題，而是整個社會運作的問題，卽在社會運作上如何確定一建立制度的客觀基礎。談民主並非高舉一個信念，要你相信這個，若是這樣，則仍只侷限在知識分子的現代化層面，而這離實際上社會是否民主化還有一很遠的距離。五四以來的學者，幾乎沒有人提出中國如何透過一制度化的社會運作過程來建立民主。民主與科學作爲一個努力的方向、主張，這是大家都承認的，但它們的現實可行性何在，則沒有人說得出來。

直到二次大戰，胡適之先生任北大校長時，他才提出中國要先建立一個純粹的民間勢力來監督政府，但並不要執政，也不是兩黨競選的情勢，這民間勢力僅僅是監督政府。胡的意思是，中國若要民主化，須經一醞釀的過程，在這個過程中培養社會的力量，代表民間的利益，以此來監督政府，待此力量逐漸長成時，再進入正式的兩黨或多黨政治階段。然則，這種勢力如何培養呢？胡適認爲中國旣沒有英國的中產階級，也不像歐洲中古社會解體時，是由地方勢力成長逐漸演變而來，所以此一社會中堅力量只有寄望於知識分子。胡先生在五

四之後很長一段時間方提出這個具體方法，然而，此時烏托邦意識已經很氾濫了，當時即使少數人可以了解胡先生對中國民主化道路的想法，但已經沒有任何實際的效果了。

當時現實是，沒有人能為中國民主化提出一具體的藍圖，知識分子面對現實政治，提不出任何辦法。所以社會張力逐漸形成，知識分子也因此逐漸對自己失去信心，覺得這樣談民主，根本無助於現實，要改變現實，大概要訴諸其它的實力吧！

就科學而言，最早提倡者如胡適、傅斯年、丁文江等人，他們對於科學如何改變社會的樞紐所在都沒有十分注意。科學本身不具一特殊目的，它沒有工具性，工具性是要由科學知識轉到科技層面，才會引起生活方式、社會結構的變化。此所以瓦特蒸汽機的發明可以引起英國工業革命，僅僅牛頓的物理學則未必能產生工業革命，更不要說中國當時所提倡的只是科學方法，尚且不是科學知識。但科學方法的觀點，在當時運用在史學的改造上，結果即有新史學的建立，即對傳統史學的革新。這是僅有的具體成果。

史學的革新通過引進 V. Ranke 的思想、廣義的

實證論，形成了中央研究院歷史語言研究所的傳統。這個工作在純學術上講自有其意義。從前講歷史是持一以史爲鑑的態度，卽隱含一實用主義的觀點，倘若以此觀點從事史學研究，顯然不會建立一客觀意義的史學。新史學與乾嘉學風有關，乾嘉學風卽已要求一客觀意義的史學，不過當時所運用的資料和方法都頗爲有限，到了五四，新史學可以達成其學院意義的學術成就，但對社會改革而言則未免太遙遠。乾嘉學風對清朝社會結構、生活方式一點影響也沒有，五四以後的新史學基本上仍是一學院中的成績，對社會根本不發生作用。五四運動的目的原在於文化改造，並不僅在提倡新觀念而已，但它現實所能做的事則顯然十分有限。

自由主義者代表五四運動的主流，不過他們根本缺乏一個具體的計畫，因此所謂的「科學」，不過是把科學思考方式運用在史料的整理上。但對於社會科學的發展則普遍無知，例如對於三十年代歐美社會科學的發展，大都不甚了了。在這樣的情況下，自由主義雖是五四主流，但充分表現出一無力感，漸漸地，不僅是一般社會覺得對他們不能懷抱希望，就連知識分子本身也逐漸喪失了信心。

（二）國家主義

國家主義本主張民族國家的觀念，在中國即青年黨所代表的一支勢力。國家主義在當時曾發揮過作用，它是專做政治謀略上的活動，運用現實的政治勢力在做事情，此勢力最重要的貢獻即九一八事變後的長城抗日活動，後來失敗了。其它活動在政治策略上，而對文化運動少有影響。不過這批人確實也是從五四運動中出來，其前身少年中國學會，即有不少人主張國家主義，但他們發揮的作用在中國文化運動中是愈來愈微弱。國家主義派在臺灣一度與自由主義者結合，也未能有顯著成果，這裏不再多談。

（三）社會主義

五四思潮中，社會主義一支以陳獨秀、李大釗為代表。早期社會主義者的觀念並不明確，我們僅從他們強調經濟改革、社會公平的立場，認定其為社會主義者。

社會主義在中國之所以會發生實際作用，乃因世界形勢的發展。Lenin 的世界革命，否定十八、十九世紀以來歐洲文化的成績，要另外決定一個世界性的新方

向，這即顯示他的烏托邦意識。當孫中山接受蘇聯的支援，與 Jeffy 發表共同宣言時，即表示革命專政思潮正式進入中國。革命專政思潮進入中國後，國內與其呼應的正是社會主義者，當時談社會主義，也分不清楚 Marx 的社會主義和其他人的社會主義有何不同，只覺 Marxism 有一大套理論，因此成立「馬克思學會」，初期人數頗為有限，但在國際共產主義運動的大形勢下，也發展成為了中國共產黨。

早期的中共由於不具社會基礎，無法直接發揮力量，所以寄生於國民黨之中來壯大自己，此即釀成日後寧漢分裂、清黨的歷史宿怨。專從思想層面來說，倘若反省民初以來純理論上的論爭，代表馬列主義一面的論點，從沒有一次大獲全勝，每次辯論的結果，總是引出更多問題而難以解決。社會主義在中國形成一革命專政的勢力，主要根基在現實政治上。北伐之後，中共雖由國民黨分裂出來，但是革命專政則已深入中國，清了黨的國民黨走的路線是晚年孫中山的思想，亦即革命專政，所以是一沒有馬列主義的革命專政團體。國民黨雖不講馬列主義而談三民主義，但是由於其黨組織的結構、觀念、教育方式，都採一革命專政的方式，所以等

到北伐之後，其烏托邦意識浮現，革命專政就正式透過國民黨來表現。此時與自由主義者卽發生決裂，決裂的關鍵集中表現在「全國教育會議」上。

在「全國教育會議」中，國民黨首次提出「黨化教育」政策，要推行「黨義」（卽現在的國父思想）。會議中，胡適之上臺發表卽席演講，表示中國不可假借革命之名而行一黨專政之實。如此一來，自由主義勢力和革命專政思潮就發生了正面衝突。

五四運動和國民黨的政治路線並沒有什麼關係。五四運動在北京開展之後，全國受其影響，在上海的孫中山是事後才稱讚五四運動的。五四運動之時，國民黨勢力根本只在廣東一隅，其時國民黨也和知識分子沒什麼關聯。從意識上講，革命專政是由孫中山到蔣介石以來的路線，到北伐以後完全定型；當國民黨的革命專政思潮控制了中國，自由主義的勢力就已徹底居於劣勢，只成了少數人所堅持的理想，對現實的中國文化運動已經不能發生任何影響力了。另一面則馬列主義運動卻在社會主義旗幟下展開。於是國共各代表一支烏托邦思想，成爲現實勢力。

三、烏托邦思想之勝利（當代中國）

現在，對烏托邦思想應該稍作剖析。

（一）烏托邦思想之特性

烏托邦思想認爲：我們要走向一個理想境界，須通過一套計畫逐步實現，這個理想是唯一的社會目標。這種烏托邦思想的特性可分四點來加以剖析：

1. 「完美」之設定

烏托邦思想的基本論點是說：以往文化根本上有一缺陷，卽使它現實上可能有很多成就，但都不能針對一根本重要的問題，提出一套想法、作一個理想的描述。而現在烏托邦所提出的答案則是可能實現，並且是完美的。倘若我們認爲社會演變永遠沒有完美的結論，每個文化成績都各有其長短，則我們對文化進展、社會改變的看法便要求盡量發揮其好的一面，逐漸克服弱點，因此對已有的成績就要好好珍惜，在已有成績上一步一步走。這種想法卽自由主義的文化觀，亦卽 Dewey 所謂

的賡續改進 (continual transformation)，即永遠保持一連續改造的過程。烏托邦思想正好與此相反。

烏托邦的想法假定有一完美，認為其他東西與此相較都不重要。例如 Marx 說人類本性自由，其所謂自由不但歷史上從未實現，而且在未來我們也不知如何去實現。他是說人完全不受任何文化約束，過著完全自主的生活。Marx 立了這個完美的自由觀念之後，於是批評一切已有的文化系統都是對自由的某種限制，此所以他在《政治經濟學批評》中說：「真正的歷史還沒有開始」。意即以往的歷史都是有缺陷的，而他則要創造新的歷史。這個想法應用到現代思想，則有 Frankfurt School（晚期的 Habermas 已跳出 Neo-Marxism 的限制）。例如以 life world 和 system 對比，每一具體文化都是一 system，每一 system 對其原始的 life world 都是一限制。倘若假定有一不受限制的東西，然後說每一現存文化都不能讓那原始的東西充分呈現其功能，都是一個阻礙，於是文化就成了被批判的對象。因為每個文化系統都有毛病，所以哲學家永遠在批判已有的文化，他並不看文化的正面功能和反面功能各是什麼，而只看其負面的影響，此即所謂否定性思考 (negative

thinking) 。 完美的假定是烏托邦思想的第一個特性。
否定性思考卽由此基本假定生出來。

2. 文化成績之價值否定

烏托邦思想對於文化成績不只在事實上作否定，而
在價值上否定。倘若我們不假定有完美，而承認文化事
實上是一步步在進展之中，如此卽對於每一文化成績就
重視它，例如 Gadamer 的理論重視傳統，認爲傳統可
以被改造，但不可以丟掉，因爲傳統是已有的文化。
但如果設定有一完美，以爲一切現實事物都應爲此而服
務，因此卽使全盤否定了傳統文化價值，也無所謂。當
文化成績之價值否定變成實際政策，其後果不堪設想。
中共發動文化大革命，否定一切已有的文化成績，結果
造成了文化發展的嚴重停滯，便是一個實例了。

3. 決定論的知識觀

決定論的知識觀 (view of knowledge) 並非一般
知識論 (epistemology) ，而是對知識提出一個看法，
這個看法的特性卽決定論。決定論的知識觀認爲：人類
的知識基本上並無所謂眞假，人類知識都爲其它條件所

決定，是歷史環境條件的產物，是意識型態的產物。
中期的 Habermas 寫過一篇論文 "Knowledge and
Interest"，他認爲一個意識型態是被它所處的環境所
決定的，而決定的過程是一個利害的考慮，他不承認
你所根據的知識背後有一客觀的可信性，知識不代表眞
理，只代表你的心態在那種意識型態下的產物。這種決
定論的知識觀認爲一切文化成績的客觀研究都是沒有意
義的，不承認這個研究具有一客觀知識上的意義，而一
概認爲是意識型態的產物。這推至極端便成爲知識的虛
無主義。

4. 絕對權力之設計

烏托邦思想的實踐，並不依靠同意，也不是從知識
上予以肯定，而是要設計一個絕對權力來實現這個烏托
邦理想。烏托邦理想落在現實層面上最危險的即是絕對
權力之設計這一點。此如共產黨所說的「改造」，你以
前承繼的都是壞的文化，現在要「改造」你，但不需
經過你的同意，要改造便要由一個權力中心放射力量出
來，由於烏托邦的理想是一完美，因此，爲達此一目的
的手段也必須是絕對的。換句話說，就是不受任何規範

的限制。

　　靜態地分析烏托邦思想之成形，可以有上述四項特性，了解這些特性是經過一形式化的分析之後所得到的結果。至於實際上中國烏托邦運動的發展，經過何種歷程而逐漸生根、成功，這是另外一個問題，亦卽關於歷程分析的問題。

（二）中國烏托邦運動之發展因素

　　中國烏托邦運動的發展因素不等於上述靜態分析所得出的四點特徵，而另牽涉許多複雜的歷史情境。

　　大陸在文化大革命之後，鄧小平提倡開放，於是有一思想上的解放趨勢，對中共歷年來的施政成績、統治過程作一批評。這一批評有一總的傾向，卽說明何以這麼壞的一個政府，竟能在中國社會中統治如此之久，一定是中國社會本身有一些因素使它得以成立。此卽大陸反傳統主義思潮，其代表人物可以金觀濤及包遵信爲例。反傳統主義者認爲，中國文化傳統提供了烏托邦運動滋生的溫床。對此，我們有必要嚴格地加以檢定。

1. 歷史契機：時代危機之壓力

中國的革新運動，包括文化革新，最終走上了烏托邦運動，其中一個決定性因素在於，中國當時在強烈的救亡意識下，急於在現實政治中求取成效，因此對理論內部可能的困難，以及制度內部的危機都未徹底考慮。這不是一傳統制約的問題，而是一歷史處境的問題。

清末以來，一切的文化運動本質上是救亡運動，面對不斷壓迫而來的西方壓力，自求生存；自洋務運動、改制、思想革命，以迄五四運動都是如此。五四運動高唱民主與科學，以為可以使中國富強起來，然而等到大家認為五四對現實政治不足以發生實質影響力之時，便轉向一個想法：我們可以放棄一切原則，只要能有效地達成國家富強的目的；空談理想既無濟於事，或許支持一實際上的勢力更能有效改變現實。這種心理轉向是北伐前後國民黨得以發展的社會背景，也是日後共產黨興起的有利條件，一言以蔽之，即時代危機的壓力。面對民族的苦難，大家並不能冷靜研究制度的利弊得失，而是在一救急的心態下，承認現實的專政有其權宜的必要。

日本對中國的侵略，目的在於亡中國，這個企圖在「九一八」時明白表現出來。在此情況下，救亡意識的再度強化，使大家感覺到必須有一現實的力量以自保。

自 1937 年到 1938 年，國際上眞正支持中國抗日的是蘇聯。史達林有其全盤計畫。日本雖和德國聯盟，史達林又和希特勒共同瓜分波蘭，但史達林也知道支持中國抵抗日本是很重要的，所以中共當時受蘇聯共產國際之命，接受國民政府編組，共同抗日，這都是一種策略。中共在抗日期間，不但保存了實力因此坐大，更取得一合法性。從前一般人不懂馬克思主義，視中共爲土匪，但經過抗日就不同了，中共正式成爲國軍，社會對他們的觀感因此而有轉變。一旦時代危機來臨，大家便都容易認同。

時代危機的壓迫感，當然不是中國烏托邦運動之所以產生的充足因素，但其影響非常之大是不能否認的。

2. 價值意識：中國傳統價值觀之副作用

有人曾經爲文主張，儒家《禮記・禮運》所載的大同社會，即爲烏托邦思想之表徵。然而＜禮運＞只是一篇描述性的文章，談在大同社會中其社會風氣如何，例如「人不獨親其親，不獨子其子」，但並未提出應該用什麼權力來達成這個理想。＜禮運＞並沒有說我們要用一套絕對的權力設計去推動一項政策，以造成一個結

果，它只是描述性的陳說，而非一個工作計畫。烏托邦思想之危險處，正在於它是通過權力設計而推行的一套計畫。就傳統價值意識而言，＜禮運＞的確有一副作用，使中國人容易接受烏托邦思想，但這並不能說中國原就有一現成的烏托邦思想。我們現在先就「自我」觀念，亦即「主體觀念」來說。

傳統儒家講「自我」乃是一德性活動的主體。儒學是一成德之學，講求如何由自然人轉化而成一以道德意志作主的人，道德意志本身就顯現一道德主體性。然而，儒家所謂的主體性是一什麼意義的主體性？Leibniz有一理論說：「每個人的自我，都是單一的，跟別人的自我是不能直接相通的。」意即：別人在自我看來總是一個對象，每個自我都是中心，外界對它而言都是對象，因之成為主體與客體的關係，對主體而言，周圍的一切都是客體都是對象，只有它自己才是主體。這種自我正是道德意義或宗教意義的自我的基本狀態。就道德自我而言，只有自己才具有一最終的主宰性，別人雖是一能思、能動的個體，但並不是主體，真正的主體仍只在自我處。主體若是單一主體，則兩個人之間就不可能有一平行的關係，因為若是平行關係，則兩人都是主

體。這樣，傳統儒學的主體觀，表現在人際上卽成一上下的關係，因此而有所謂「教」的觀念。「教化」與「思辯」，其背後所各自假定的主體觀念是很不相同的。

從西方傳統一面看，Socrates 重視「辯」，強調人與人溝通時所要共同遵守的思想規律。他並不要「教」你什麼知識，只是訴諸彼此共守的規律；兩個人彼此承認論說的規律，辯論才能夠進行。「辯」的方式是要假定兩個主體是並立的 (coordinate)。順著這個想法，下來就成了 Aristotle 的邏輯。我們要使他人接受我們的意見，就要訴諸思想的共同規律，卽假定雙方在同一規律層面上，順著規律想便會得到相同的結果，此規律卽邏輯規律。所以從 Socrates 提出「辯」的問題，發展到 Aristotle，便形成了西方邏輯傳統，再下來到近代講科學知識，也都是這個傳統。科學知識講可測性，科學命題能否成立，須經一可測的程序來加以驗證，自然科學背後的方法論卽假定知識有一可測定其眞假的規則，此規則是彼此都要接受的，如此才可能傳達知識。

「教」則不然。「教」是在我懂你不懂的情況下，所以我來教你。你不懂，就要苦心琢磨，向我學習。「教」並不訴諸一個客觀規律使你有所遵循，而是說要你

接受。基督教精神也屬於單一主體的觀念，它並非要求有一共同的思考規律，訴於此共同規律因此你接受我的想法，而是說我信神，我知道神意，所以你要通過我去接受耶穌，透過耶穌去接近上帝。天主教的傳統教義如此，直到新教才說人人直接面對上帝，從前仍是權威主義。孔子講「仁」也並非在「辯」，而是一個「教化」活動，目的在使你趨近於「仁」的境界，即發揮一引導的功能（orientative function），而非認知功能（cognitive function）。

由單一主體與並立主體所各自推出的政治意涵之差異，即在於你是相信天尊地卑、乾坤定位，這世界本來就有貴賤之別，所以以上來領導下；抑或是說，基本上人各有其自我，大家在一起共同建立制度，但並沒有誰有特權去管別人，而是通過一個契約的程序，經由「同意」委託某些人來管理。民主政治最根本的原則即同意原則，統治者進行統治要取得被統治者的同意。但為什麼要取得同意呢？即因承認彼此權利相等，並無貴賤之分。這與《易傳》中天尊地卑、乾坤定位的想法根本不同。烏托邦的絕對權力思想，中國接受的可能性是比歐洲大，因為歐洲要接受這個思想首先就要取消「平等」

的觀念。儘管表面上烏托邦思想似乎強調「平等」。

　　孫中山認爲人根本就有先知先覺、後知後覺之分，他是先知先覺，所以你要聽他的。這和傳統「教」的觀念一致。孫中山先知先覺的觀念表示他肯定革命專政的制度，他提出一個眞理（卽三民主義），要求你接受，但並不需要你的同意。這個想法對歐洲人而言就很難接受，他們覺得這制度很危險，因爲他們傳統上的自我觀念是一並立的關係，他們要求在人與人之間確定一共同規律、共同契約，但絕不會說有些人天生智慧高，有些人低，因此智慧高的人設計一套制度，智慧低的人便全然接受。（未完）

　　　　　　　　　　1991年11月8日講（夏國安整理）

第五講　中國文化運動之變形（續上）

（續）　2. 價值意識：中國傳統價值觀之副作用

中國烏托邦運動所以成功，有些直接的因素，卽使得中國的心態容易接受，另外有些因素則非直接的，它是排斥某些東西，間接地給烏托邦發展提供條件。

這些年來大陸知識分子在經過文化大革命後，對馬列主義開始失望、懷疑，剛好碰到鄧小平的開放，十年中間興起的思想大都在檢討馬列主義，但他們有一很流行的觀點，認爲馬列主義思想會在中國成功，都是因爲中國傳統本來卽準備了一個環境可以接受馬列。這個講法不是很準確的。另外一個極端的講法，例如新儒學，認爲中國傳統文化衰落了，所以才不能抗拒馬列主義，這個講法也許理論上可以一貫，不過與歷史事實不大相合。所以在此我們應該比較客觀地分析中國傳統文化的心態、社會、經濟的型態與政治意識，看它們對於烏托邦運動各起什麼不同的作用，如其分地評定。

主體性（自我觀念）的自我是一 self conscious 的自我。就自我自覺講，它是「單一主體」，因此只有一種統攝作用；就知識的傳達來講，則我們可用西方思辯的精神與中國「教」的觀念來對比，這是前面曾提到的。Socrates 開創希臘哲學傳統，是構成歐洲人哲學心態的最早人物，他當時使用的所謂對話法，也卽思辯之「辯」的意思。 Socrates 跟人談問題永遠不提出一個論點要人接受，而是說如果你這樣想，你是取什麼意義呢？怎樣能够建立你的論點呢？說到一定程度，顯示出你的論點有矛盾，必須放棄，放棄了然後再找一個，看了又不對，因此一層一層淘汰。每一次的進展訴諸思考的規律，換言之，他假定我們彼此間有一共同的思考規律，你我都得遵守，得假定了這個才能說「辯」。你要說服別人，「因為」是如此，「所以」你要接受這一點，這關係是必須對方已接受的 rule ，倘若不接受，這共同的規則存在哪裏呢？ 這些話都是偏於 meaning theory 的問題。如果有思想上共同的規則， 存在哪裏呢？你不能說這規則存在一智慧較高的人心裏，只能說這就存在我們思考運行裏面，只要思考，這些規則或多或少就會顯現出來，只看你自己是否自覺到。也因為這

個原因，我才能利用規則與你辯論、說服你。倘若不然，則辯論無法進行。

這一套思考方式再發展下來到 Aristotle 的形式化邏輯，然後到近代符號邏輯、數理邏輯，都表達一 Hegel 所謂的客觀精神（顯現主體性的主宰是謂主觀精神，顯現客觀規律的即客觀精神），成就一「並立主體」的領域。它的主體性的意識是一並立的，即假定你與我服從同樣的規則，在這情況下可以講客觀的知識。客觀知識不是因為我智慧高，我體會得到、見得到，你見不到，我教給你。不是這樣，而是如果你嚴格認真地照你思考規矩來想，你也會得到同樣結果；得不到是因為有時推理能力不是充足地實現，事實上你是有此能力的。就此意言，假定我們從不同主體間的共同思考規律著眼，則可成就一種客觀知識，這是西方古典哲學傳統的一個很重要的線索，從 Socrates 一直到 Kant 都如此。

強調知識的客觀性這種思想，哲學地講最根本處即有一並立主體的領域，因此可以假定各主體共同的規律，順著這規律建立客觀知識。現代的 K. Popper 在晚期寫 *Objective Knowledge* 就特別強調「第三世界」

這個觀點。Popper 的「第三世界」不是指政治上亞、非、拉丁美洲等的第三世界，而是非物理的、非心理的世界，在此有一獨立的知識意義的領域。這些都指向 Hegel 所謂的客觀精神傾向，表現在形式法則上。不管你主張什麼，思考是一定服從形式法則。我以此可以和你辯論，儘管實際知識內容人人可以完全不同。並立主體在知識一面就成就客觀知識；在社會制度一面，則肯定一「形式的合法性」的觀念，這與「內容的合理性」不一樣。就「內容的合理性」講，譬如作一政策的決定，只看內容的合理性，即這個決定內容是不是好的、被我們承認的，至於誰來作決定、如何作決定，好像就都不重要。就「形式的合法性」講則不然，不管你內容是好是壞，都通過一形式的規律的問題。

合法性的觀念在中國一向缺乏。從政治而言，中國希望由最有智慧的人來作領導，作出最好的決定，我們就服從他，此即所謂聖君賢相之說，所以傳統政治上只有一內容的合理性問題，而不問君相的決定為什麼是必須服從的呢？這即是合法性問題，由此可產生憲政傳統、民主憲政的思想。從形式法則一面看，即落在制度上成一程序的合法性、形式的合法性這套觀念。中國價

值意識投射到政法制度上，有一明顯的特色，卽我們不一定追問權力的來源，不問權力是經過什麼過程來建立的，而只看權力作什麼事，此卽內容的合理性，只要他作得好就行了，至於合法不合法根本不提。這個傳統淵遠流長，到近代雖很多人講西方觀念，但心態上卻始終有很大距離。少數知識份子可能瞭解西方心態，但一般來講，社會上大多數羣眾對並立主體的意識並不明朗。這一點就爲烏托邦運動提供了一消極的條件，卽以爲專政不一定是壞的。然而，如果強調形式的合法性問題，則從根本就反對專政。但如沒有形式的合法性觀念，則就內容去想，儘管專政但作得很好，那也可以接受。問題是我們是作內容合理性的判斷，或是先有一形式的合法性以爲先決條件？形式的合法性觀念並不是很自然的，它是一套心態，相當抽象，不是常識知覺所感覺。中國的心態和價值意識落在政治制度、思想上就成了對於專政沒有一形式上的否定的傾向，卽：不是說在原則上我們不能接受專政，而是專政有好有壞，好的可以接受。這個思想一直到今天都還在流行。代表專政思想的人仍然強調這點。中共官方言論常講中國十幾億人口，正是他們的革命專政可以提供人民溫飽，其意卽它實際

工作作得不錯，至於政權是否有合法性，他就不管了。革命專政的思潮與體制，基本上卽拋開形式的合法性問題，如果傳統中國心態重視形式的合法性，那對專政就有一根本排斥的作用，英國人卽如此。英國人講經驗主義，不相信絕對眞理，又有憲法傳統，在在都強調形式合法性，這就根本上排斥專政。

講中國人的値價意識，不是說中國人直接地主張烏托邦，而是中國人這種思想提供給烏托邦發展的良好機會，少一個根本反對烏托邦的障礙。烏托邦講一絕對的權力，認爲絕對權力實現其理想，不接受一切其他的標準。但如果從形式的合法性著眼，不論當知識或制度看，都會排拒這樣宣稱的絕對地位。從價值意識落到政治生活上，就有一中國傳統政治意識，可以進一步討論。

3. 中國傳統政治意識

看中國的政治意識的特色，我們主要取三個觀念：德治、人治與積極政府。

中國講政治問題時，沒有一個獨立的政治學領域。中國人認爲政治生活的那些問題，基本上都是道德問題

的延長，把政治生活看成道德生活的擴大。例如《大學》講格物致知誠意正心，完全是成德的問題，但到修身以後（「自天子以至於庶人壹是皆以修身爲本」），一轉而爲將德性力量放射到社羣之中，卽成齊家治國平天下。這是把兩類問題看作一類，卽道德價值如何達成，達成以後在個人卽完成一道德人格，放射出來就把社會道德化，卽所謂德治的觀念。因此不覺得政治生活有一特殊規律，其建構上有何特性。正因爲這個原因，中國哲學始終沒有德國所謂 Staatslehre （國家論），也沒有政治哲學。中國以往講政治問題，大體上都把它拿到道德價值的標準下講，像南宋朱熹上孝宗書就還說「陛下之心正則天下正」。這樣一來，就直接產生了人治的問題。

如果講道德的實現，當然是就一個個人自己道德意志的強化而言，但如果說政治問題不外乎是一道德問題，則政治的得失成敗，就要視其是否有道德很高的人來領導，卽聖君賢相。把政治問題當道德問題看，把政治生活當道德生活的一部分，這樣又產生了積極政府 (positive government) 的想法。

從歷史上看，歷來對政府的主張有兩種。第一種認

為政府應該領導社會，應該實現某種文化價值，此即積極政府。第二種即消極政府 (negative government)，它主要取一服務的觀念，以 J. Locke 為代表，成為近代西方政治制度的基礎觀念。消極政府主要的意思是說社會本身應自求發展，政府之成立是為而不有，政府之功能基本上是對社會作一服務，如保持秩序、從事公共事務，扮演一看門人的角色，其目的是要保持社會自動的活力。例如思想藝術要求發展，不應是政府有一思想文化部、藝術部來指導，而是思想文化界者自己作，甚至包括道德生活也不由政府宣布新生活守則，諸如此類。消極政府的觀念是民主政治思潮很重要的一個成分，這個成分是對抗專政思潮的一個很大力量。如果大家相信政府不應那樣集權，則就很難接受革命專政的思想。

中國既有聖君賢相觀念，認為政治生活根本是道德生活的延伸，重點就完全擺在內容的合理性上，沒有形式這個問題。中國人一說政府就認為一定是積極政府。假定我們否定積極政府，或說積極政府只在某種特定情況下才有意義，此外基本上是不好的，這樣，革命專政的思潮就只能成為社會性的傳道者的福音，而不可能發起並建立共產主義運動及政權。

4. 社會經濟結構之影響

傳統農業社會經濟結構是一靜態經濟。所謂靜態，指其有一 cycle 運用自然土地資源，配合氣候條件等從事生產，它的基本要求不落在消費者身上，不是使消費者在需求上產生什麼變化，而是希望自己花較少勞力成本，能有較多產品，亦即「豐收」觀念。農民不會想用什麼辦法使得別人需要更多農產品，以便他的產品能漲價、銷得好，因為他沒有影響消費傾向的意思。工業社會則一步步愈要控制消費一面，以增加其生產所得。就動態經濟對消費者消費需求的改變而言，早期資本主義還不很顯著，所以才有景氣循環的問題: 工業大量生產，但不能影響消費者，而消費自有其飽和，等你知道這個訊息，產品已經過剩了，所以生產剩餘造成景氣循環。此所以 Marx 預言資本主義如何造成一次次景氣循環，使得工人失業，因此提供其運動的基礎。Marx 這個批評對舊式資本主義是可以的，但到了 Keynes 提出創造消費的理論 (The General Theory of Employment, Interest and Money)，主張創造就業機會使消費需要變化，以此帶動生產。這個想法一出來，就決

定了最近數十年資本主義經濟的發展。（臺灣後來也學這個，如劉大中、邢慕寰、蔣碩傑等，主張以出口導向累積社會財富，本此以創造就業、刺激消費。）

　　工業社會與農業社會經濟，其最大不同處就在於：基本目的是維持一均衡狀態？還是一層層往外擴張？是求安、均、足？還是求發展、豐富？中國過去講「不患寡而患不均」，「均」是分配問題，但是也得要有東西分配呀！怎麼能不患寡呢？要談經濟就不能說不患寡。然而舊時中國人心態就認為經濟不需要發展，最重要的是內部能有公平、穩定，不要起大衝突，能「足」就行了，這是靜態經濟的觀念，不求動態擴張發展。這觀念反映在儒家的人生觀上。儒家的經濟觀點顯然是與農村經濟結構聯繫在一起的，所以儒家並未徹底考慮人類經濟生活可能有的模型，而是把經濟需求化入義利之辨，所謂君子憂道不憂貧。這個觀念如就道德生活說並沒錯，它不論你外界所得的多少，而只問一己意志的選擇；不過就社會經濟講，如果大家都抱持這種想法，則社會當然不會發展經濟了。

　　中國傳統社會與資本主義經濟所產生的文化，基本上是不相容的，中國人不認為這種經濟的發展有什麼價

值。烏托邦運動在中國的出現，第一目標就要打倒資本主義文化，中國人想法自始就與資本主義不合，相對地與烏托邦一面的想法就多少可合了。當馬列主義剛傳到中國，中國人看無產階級專政，從沒想到專政的可怕，所想到的是同情無產階級，因爲財富是壞的，凡有錢人大概是壞的，所以反對這些人（所謂有土皆豪），這種民間的傳統意識就從這裏迎合了烏托邦運動。然而我們並不是說因爲中國人這樣，所以必然成就共產主義，而只是說這個因素在歷史契機上爲烏托邦運動又減少了一個阻礙。

倘若我們把 Weber 描寫的新教的價值觀念如何引起了資本主義文化的發生，拿來和中國對財富的觀念相比，則就很清楚：資本主義的發展，其觀念的動力是將財富看成價值，將創造財富看作是一有意義的行爲。當然，資本主義是否像 Weber 解釋的那樣，還是可以爭論的，因爲 Weber 是通過一描述的心理過程來講，這應用到某幾個社會可能適用，但有沒有普遍性則是另外一個問題。我們現在只說 Weber 所描寫的那種心態，即把財富看作人生的一種成就，這與中國人錢財乃身外物、憂道不憂貧的觀念明顯不同，而與資本主義的關係

也就不同了。

5. 集體意識之失託感

除以上所說的幾點，此外還有關於社會意識、社會結構改變時所衍生出的問題，姑且名之集體意識的失託感。

就社會結構講，中國原是一家族結構，每個人不假定其為一 individual 而是一 family member，不但從小生活在家族中，而且個人對生活的計畫、人生的看法，都是以作為一個家族的成員為要件。然而，從清末以來，直到二次大戰，家族結構事實上是崩潰了。中國之家族意識原就有一集體意識的傾向，卽個人不覺自己是一單獨的個體，他是和家族那個集體不可分的；當家族事實上崩潰了，而中國人之集體意識的傳統並沒有馬上消滅，結果大家仍然要找一集體來寄託其集體意識，所以有些人就寄託在「黨」、「階級」上面。集體意識的表現可以表現為很多複雜的形式，我們強調的是烏托邦之革命專政的運動，它首先就鼓勵不要有個人意識，而要跟黨認同、跟集體認同。這個想法對於個人主義社會講，顯然格格不入，但中國本有一集體意識寄託在家

族，等家族崩潰後就有一失託感，因此要它跟黨認同就
比較容易。

關於烏托邦思想之得勢，我們談到這裏爲止。

四、革命專政下之中國思想界

當中國事實上已經被烏托邦式的專政勢力所統治，
當然思想界就有種種反應，中國人在這種情況下，怎樣
面對文化路向問題？大體上講，中國思想界主要的反應
可以分三部分說。

（一）傳統主義的復活

經過烏托邦運動的大挫折，反省這段歷史，其中有
一部分人就訴於傳統。這一種態度和上一節析論傳統中
哪些因素促成了烏托邦思想的說法，剛好相反。它主要
意思是說我們喪失了傳統的力量、智慧的優點，所以才
會遭遇這樣的後果，因此要重新解釋傳統、肯定傳統文
化的價值。其所代表的文化路向，首先迴向傳統，希望
把傳統與現代世界重新地配合。

傳統主義思潮在五四前後像熊十力、梁漱溟諸位先
生已有此傾向，不過當時思想界、知識界的主流則不在

此(主流在於自由主義與馬列社會主義)。但他們各自都培養了一些人，梁有梁的團體，熊則有熊門弟子。到了馬列主義統治大陸，熊梁兩人都留在大陸不曾出來。梁先生其後變成悲劇人物，他對情勢的判斷太過樂觀，以爲可以說服毛澤東；熊先生則自信心甚強，認爲共產黨統治也未必怎樣。熊晚年寫關於儒學的書很被人議論，就因爲他想把社會主義觀念與儒學聯結起來；就熊先生本人講是失敗的，但其弟子在海外則在香港新亞書院重建新儒學，唐君毅先生是一重要代表人物。另外喜講傳統者爲錢賓四先生。錢先生爲史學家，所講的角度有所不同，但還是合作辦新亞書院。另外和唐先生同爲熊先生學生的是牟宗三先生。唐牟之工作都想要重新解說中國哲學，從這裏找文化路向的判斷。這路向基本上是要從中國內部作某種調整改造，由此將西方文化價值觀念的成果吸收進來。這個想法當然是有邏輯上的可能性，不過，實際上這是一模仿 Hegelian Model 的想法，它意思是說倘若我們要有西方文化的成績，就要把我們的文化從價值觀念處來改變，以便自己生出西方文化成績來。本來不是我們文化傳統的東西，因此生不出文化成績，這是很自然的，例如就資本主義文化講，像余英時

先生寫明清史要找中國是否有資本主義種子。其實中國社會卽使有那些東西，也都與現代資本主義沒什麼關係。歐洲的文化價值觀念，中國當然沒有，但依 Hegelian Model，則原來既沒有就要把中國的傳統觀念來一個改變；然而，這改變純粹是一哲學理念上的改變，至於說這種改變如何能進入社會操作層面，那是根本未被討論過。

傳統主義的意思，實在就是要把部分的歐洲文化的發展過程，在中國重複一遍，此卽 Weber 所說絕不可能的事情。別的地方如果要想有資本主義文化，一定是把歐洲的成果拿過來學習它，然後在內部再調整去反應這新加入的東西，而不會是內部自我調整後，像歐洲那樣自己也生出一套，事實不會是這樣的。但中國新儒學則有此意，它要在中國價值意識中去找那個資本主義的根，這是不可能的。因爲如果有那個根，早就有那個果；它發展不出來那個果，就表示它沒有那個種子。現在要在內部改一下以使它有這個種子，這恐怕在文化史上，就文化交互影響講，從來沒有取這個模式的。一個文化影響其它文化，一定是文化成果爲他人學去，然後調整其社會、心理、觀念內部，而不會是說，看你結果

很好。看你觀念是什麼根源，於是我改一下觀念變成你的觀念，然後生出你的成果。文化史上從沒有這樣的例子。其所以沒有，是因在文化影響活動上本來不是這樣一回事。這是混淆了創生與模擬。

（二）傳統之批判

另有一批人，經過中國此一大變後，懷疑中國文化本身出了大毛病，所以從不同層面、角度上，作一傳統之批判的工作。做這一工作更要借用外來的思想。儘管我們對傳統主義的看法是採一批評的態度，然而，現在第二種態度之混亂也是叫人失望的。

批判傳統，必須先有一明確的標準，而不能是情緒性的否定。對傳統的內容，也應有一可信的理解。歐洲學者就其專講理論問題的名家言，大致都有所樹立，但東方學家則因通過某一社會學模型來解釋中國某一現象，由於它使用的大半是二手資料，這資料本身就不見得準確。經過兩重曲解之後，他說的其實已是另外的東西，但他卻以此為定點，展開一個理論說一大套。取傳統之批判立場的人卻喜歡利用這些資料，利用西方某些學人解剖中國社會、批評某一歷史階段的問題的文章，

順此而提出其批判意見。

　　歐美現代思潮有許多優良的地方，值得我們學習。但若談中國歷史，則沒有理由認爲他們講的更可信，因爲他對基本的事實並不清楚，即便它的解釋技巧再高也是枉然。然而此中卽有一誤導，因爲他們的理論架構可能甚爲可觀，我們也可能爲其架構所迷，所以就相信他的論斷。這是目前談中國傳統文化的一大盲點。我們批判傳統，當然必須借助於現代西方的知識與思考的成績，但運用時確當到什麼程度，則不能一概而論。這裏的要點是對基本史實的掌握。否則，便是「夢中說夢」了。

（三）現代文化之探究

　　所謂中國文化路向問題，基本上就是現代化問題。現代化的意思是說在歐洲出現了一個現代文化，然後大家去學這個現代文化，因此就叫現代化，我們先得對 modernity 有一了解，然後再問 modernization 是怎麼一回事。

　　對現代文化的探究可分爲兩層，一層是研究現代，一層是吸收模做西方對現代文化本身的批評，卽所謂後現代思潮。高談後現代思潮對當代中國而言是一 mislocated 的現象。後現代主義內部有幾支，但大體言，則是對現代文化產生的病態現象的抨擊。在現代文化的發展已達相當成熟的地區，後現代的理論才落實、有確定的對象，但把這套東西擺在大陸或臺灣，則不能發揮其正面的功能，反而產生奇怪的後果。臺灣之現代化是非常不均衡的，就個別處看，好像很現代化，但整體看，包括政府機關、民間、社會自律性，不管觀念層面、實際操作層面，現代化都差得很多。這樣一個社會為什麼急於講後現代呢？然而一旦講了，馬上就產生社會影響，使得你感覺現代某些東西也未必是好的、不值得作的，這樣就產生一互相抵消的效果。後現代理論針對現代文化在歐洲出現的病態的評論，確實是有所陳述的，不過對不同文化發展階段而言，後現代理論要能產生現實意義，則應求與歷史環境相配合。

　　純就概念講，我們當然不難建構一套預防性的語言，對現代文化所可能發生的弊病預先避免。不過這樣一講，我們就愈發不知道現實中該怎麼做，因為現代化自有其歷史階段，現在還沒充足實現那些條件，就先說它會出某些問題，結果就因噎廢食。然則該怎麼辦呢？就現代與後現代而言，我們所考慮的焦點應是：到底是

要就臺灣或中國作一實際的設計呢？抑或只是純粹作一理論探討？這必須首先釐清。

上面幾講，我們講在種種條件下，中國的文化運動已最終走入烏托邦運動，而往世界一面看，則我們要問：現代思潮裏湧現的哪些成績是值得我們參考的。我們要重新考慮文化路向，就要對價值觀念、制度問題、社會結構問題、思想方法問題一層層重新反省。我們可用的資源，不外是到現在為止現代世界的哲學與其他理論，我們將考察近幾十年來思想界的成績，取其重要有關的論點，看它們反映在我們的文化路向問題會有什麼結果。中國文化的路向、改造問題，基本上是有一學習過程在內，講現代化是學西方的文化，這學習過程如何配合我們自己內部的調適，又是再進一步的問題，但我們總要知道有那些是值得學習的。上一代學習得不大夠，所以留下麻煩給下一代，此即「歷史之懲罰」。前人犯的錯誤就好像欠了歷史的債務，後代人就要來還賬。

整理過去的歷史就到此為止，以下則介紹、分析幾個思潮，比較具理論性，其中也有歷史的、社會學意義的分析。

　　　　　　　　1991年11月15日講（張善穎整理）

第 六 講

西方現代思潮與中國
文化運動

　　上次我們把烏托邦運動的情況與中國文化運動的變形大致說了。討論這些東西，除了了解這段史實及其本身所涵的問題，還透露出一個很重要的論點，即中國的問題顯然已與世界的問題連在一起了。所謂中國文化路向問題的出現，正是由於異質的歐洲文化向東方擴展。這件事不是像清末時的人那樣想像的。他們總認為這是個短暫的現象。清末歐洲文化向東方的擴展，正是在它科技發展之後，即工業革命以後，換言之，即是打破世界圈的問題，而非偶然間從外面來的勢力。因此，不但從清末到民初，我們受西方思想的影響，即就今天而言，若考慮到中國文化運動所面對的問題、未來的取向，也都與西方思潮、文化現狀的傾向不可分割。談中國文化問題，不管自覺不自覺，事實上已經受西方思潮的某一種影響，而今後要考慮中國文化的自強自存，要在世界上找到自己存在的客觀根據，也要考慮與世界文化問題的關係。例如哲學方面，中國哲學作為世界哲學的一部分而存在，在未來一定如此；文化問題亦然，要在世界的配景下來講，而所謂世界配景，影響力最大的當然是歐洲文化。

　　現在就西方現代思潮與中國文化運動，分兩部分

講。

一、解析思潮、科學主義與經驗主義

通常大家都說自十九世紀到二十世紀，西方哲學主要是兩大集團，卽所謂英美哲學與歐陸哲學。十九世紀在 Hegel 大系統的籠罩之下，一度大家都環繞著德國觀念論發言，然後自此轉出兩個大的不同傾向。第一個傾向是以經驗主義的傳統爲背景，但以數理邏輯的思考方式引起所謂解析思潮，此卽英美哲學。經驗主義配合解析技巧時，很自然地有一對於科學語言的強調，因爲所謂自然科學的發展基本上就是經驗科學的，卽如何通過理論的架構來整理經驗的資料，來尋找一些法則、一些因果性的決定。這是就思想的層面講，還沒觸及技術層面。基本上，科學主義的思潮卽根據這兩面而來：一面是解析的技巧，另一面是經驗主義的觀點。中國自五四以來，科學主義浪潮非常之高，很多人不一定對所謂科學知識的特性眞能掌握，能有一嚴格的了解，但在心態上，則都認爲科學代表一種價值、是可信的。連Marx 本人都這樣。Marx 是屬於歐洲文化的批判者，

反對現代歐洲文化， 他卻稱自己的 理論為 Scientific
Socialism。「科學」成為價值的代名詞， 這在歐洲已
經如此，到五四運動後，中國人基本上也都接受這一想
法。

（一）解析哲學之雙重性

解析哲學有兩重性格: 形式意義與實質意義。就形
式意義而言， 我們可將符號邏輯或形式邏輯比喻為「思
想上的顯微鏡」， 通過它可以提高思考的可見度。 思
想上接受一嚴格的解析訓練，並非說要你贊成或反對什
麼，而是提高你去贊成或反對時的分析能力， 就這個意
思講，我們說它是作為一形式思考的訓練。解析研究開
始出現於英國，早期有 Russell、Moore 等人， 然後在
德文地區裏形成了維也納學派 (The Vienna Circle)，
其後維也納學派的發展也轉到美國去了，所以才稱英美
學派。

英國本有一經驗主義的傳統，例如 Russell 講邏輯
解析的問題， 就帶有一經驗主義的立場， 其實， 就形式
意義的邏輯解析而言，是可以被哲學立場不同的人同樣
運用的。 至於維也納學派在技巧上講是形式思考， 如

Carnap 等人，但這些人在實際興趣上，也有一廣義的經驗主義傾向，強調經驗科學知識之特性。因此，更突顯出解析哲學的雙重性。就解析的實質觀念講，的確有一經驗主義傾向。然而就其爲形式訓練而言，則並非說學了解析的技巧，因此也就必須作一個經驗主義者。

解析哲學分有兩支：邏輯解析與語言解析。語言解析對中國的影響，至今爲止非常少，原因是晚期維根斯坦建立所謂日常語言的解析學派之時，已近二次大戰末期。而就邏輯解析講，Russell 算是早期的，是在邏輯解析興起以前預備期的人物。Russell 來過中國講學，所以早期像金岳霖、沈有鼎諸位先生，受邏輯解析的影響就比較多，對語言解析則根本沒機會接觸；再下來如殷海光先生也多是受邏輯解析的影響。邏輯解析是思想顯微鏡，本與特定哲學立場無關，可是在中國接受邏輯解析的人，則把解析技巧與他們對反權威主義的要求合在一起。邏輯解析既然是提高思考嚴格程度的訓練，先天上自有一批評的傾向，卽運用邏輯解析來批評已有的理論，在此它可顯現出一特殊力量。

邏輯解析早期進入中國，就表現在反權威的思潮上，一個有趣的例子是魏時珍。魏留德習數理哲學，於

北伐剛成功時回國， 其時國民黨開始推行黨化教育政策。魏回國後任四川大學理學院院長，他當時寫了一篇文章批評孫中山「知難行易」，題為「不可亂說」。他分析知難行易的意義，首先提出了 measurement 的問題，認為講難易，則必須難易是可比較的，即必須有一共同的計量標準才行。然而難易的標準何在呢? 結論是「知難行易」根本不通。像魏時珍這樣的文章，很明顯的給人一個印象，覺得學解析的人好像有一套武器可用以批評權威（這個風氣一直傳到殷海光，只要查閱當時的「自由中國」即可知）。解析思潮原有雙重性格：形式訓練與經驗主義；但在中國則構成了反權威思潮的一個成分。

由於在中國學解析的人有一政治批評的傾向，因此不為當局所喜，然而他們又能提什麼方法來反對解析呢? 他們所提大體上是就這個思潮所帶的哲學立場來說，例如指出：對歷史文化的問題，從邏輯解析中生出的邏輯經驗論 (Logical Empiricism) 就顯然是把文化問題簡化為一種接近自然科學的問題。邏輯經驗論的核心問題是 physical language 的問題，其代表人物 Carnap 中年以後影響了西方哲學界所謂科學語言的統

一運動，卽物理語言的問題。Carnap 認爲一切關於世界文化歷史的陳述，最後都可還原爲物理語言。換言之，基本上他把人類文化的研究看成跟自然的研究是一類的，其間只有程度上的不同。科學語言的統一運動本身是有很大的內在問題，Carnap 晚年也放棄了這一作法。批評解析思潮的人並不提解析思潮本來的普遍功能是爲提高形式思考的訓練，他們只說旣然 Carnap 也放棄這個運動，就證明這個哲學是不行的，因此不要講解析。作爲學派的邏輯經驗論在哲學史上的影響已過去了，這是一個事實；但倘就思考訓練的功能講，則永遠也不能否認這個功能的必要性。從古典邏輯開始，一直到現在符號邏輯、意義論的發展，解析都是一提高研究能力的訓練，只看我們能否善用。

就中國文化運動而言，解析訓練被有政治興趣的人用來作爲反權威主義的武器，其結果好處是容易推動反權威主義的論點；壞處則是給人一種印象，好像講解析的人都帶某種政治立場，這對解析思潮來說是一個誤會、曲解，到今天仍不能免。

（二）科學主義之檢討

通俗化的科學觀念從五四以後就一直影響中國，因此而有「科玄論戰」，卽 metaphysics 與 science 的論戰。metaphysics 的課題或本身的理據，不是一個經驗科學的問題；人們可以說 metaphysics 不能成立，但卽使如此，也不會是拿 physical science 去批評它，而是從語言的意義，卽意義論的立場去批評。Carnap 要取消形上學，意思並非說要以物理學代替形上學，而是說形上學在意義論上不能滿足一定標準，因此無法提供眞的知識，他是從知識論、意義論的觀點來講。可是中國當時的科玄論戰就說我們究竟是要科學還是玄學，這就好像我們說要喝水還是要吃米。喝水與吃米兩者的功用是不能互相代替的，你若說吃米不好，但也不能用喝水好來反證，而是用其它方式來證明。由此可知，科玄論戰的重點不在科學知識本身，而是一科學主義的價值意識的問題。科學成了一個價值取向，於是而有科學與不科學之分，而玄學的態度卽不科學的態度。換言之，中國的科玄論戰所爭的是一個態度、價值取向的問題，並非嚴格的理論問題。

科學主義到今天，在大陸上勢力仍非常之強，大家總認爲一切制度的、權威主義的、官僚結構的毛病都是

因為不夠科學，把人的崇拜權威從一「非理性」的意義轉成「非科學」的意義。科學主義在五四以後的流行，取代了許多普遍的標準，許多我們作判斷的標準性觀念，都被劃到科學的觀念下。就過去講，科學主義是一簡化的思考方式，即用「科學的」來概括西方現代文明的長處。至於科學真正是什麼，等要了解清楚時，文化運動已近尾聲了。

我們的意思不是說科學是不好的，而是指科學有其一定的功能與範圍，在什麼意義上使用才是恰當。況且科學知識的性質，從近四十年來看，自 Kuhn 的理論出來之後，我們就很難說科學是否一步步接近「真理」，而只能說解釋的效力。把科學約化成一個價值詞語，是一件容易產生誤導的事情，因為解釋效力只在科學操作裏面有意義，跟社會上人生的要求沒有直接關係。Truth 與 Reality 從希臘起就混在一起，所以認為如要了解 Reality，就愈接近 Truth 愈好，結果就像 Socrates 的想法，以為「真知」就等於價值，於是把價值問題化成科學問題。但這是一個誤解。

我們檢討科學主義，就要讓科學回到科學的本位上，要了解科學本身是一回事，科學背後的哲學立場、

知識觀又是另一回事，這樣對思想運動就不會有什麼壞影響。權威主義，尤其革命專政思潮造成很多災害，多少都因其帶有一迷信的成分。烏托邦思想多少都有點非理性的迷信成分。這使我們有一心理上的需要，覺得好像提倡科學可以對抗那些迷信，事實上這對科學是一種過分的運用。對應烏托邦的問題其實是 rationality，是理性與非理性的對抗。

（三）經驗主義之影響

經驗科學之興起，其背後有一 Empiricism 的哲學立場，這立場最重要處是一 view of knowledge （不一定是 epistemology），即對知識的看法。

英文 science 譬如 social science、human science、moral science 基本上是取 empirical science 的 science 的意思；但德文 die wissenschaft 可包括 geisteswissenschaft （精神科學）。在英文中如說 spiritual science 則很奇怪。這意思就是說不僅中國，即在歐洲對科學的講法也本有許多歧義，我們現在則專講 empirical science。經驗科學對知識的看法有兩個要點：可測的 (testable) 與可改的 (corrigible)。基

本上，經驗科學的研究是從知覺觀察上取得資料，在處理資料後尋找一個 law，尋找 law 的過程永遠是一種 hypothetical 的過程，卽在某個條件下產生某個結果，這就要滿足可測的要求，而正因其爲可測，同時也就永遠保持了修改的可能。由這樣過程而建立的 law，不具先天性與神秘性，所以在進一步更嚴密設計的測試中，如果得出不同的結果，那一點也不奇怪，可能卽因先前的 hypothesis 不對，修改就是了。從這種 view of knowledge 卽產生一對於絕對性的排斥。一旦接受了這個觀點，卽承認人的知識是從經驗中整理出來的，整理經驗時我們有一套不怎麼完美的過程，這過程如有毛病可加以改正，因而通過那過程所得來的知識也總是可以改正的，如此一來，對於絕對性的觀念，就有一排斥的意味。

科學主義在歐陸的興起，主要是 A. Comte 的影響，Comte 把社會文化知識的發展看作三個階段：religion、metaphysics、science。人類文化最早有宗教的信仰，有物活論的觀念，認爲這世界外，有另一種生命、心靈，有一人格神存在；其次就覺得有一種絕對的眞理，不一定是神，但我們有辦法知道，這就是

metaphysics 的方式，形上學有一「絕對」的假定；由此再到 science 的階段，就知道知識不會達到絕對的，知識包括我們進行的程序，本身都應該可以修改的，因此不可以說通過這程序得到的結果是不可修改的，因此我們就有一 scientific knowledge 的概念，這種知識是比較可靠的，同時又是排斥絕對的。經驗主義的知識觀點若應用到制度生活上，則由於知識就其本性而言是可以改正的，則制度本身亦要保有一改變的可能性，不能說有一完美不可改變的制度。

在一、二次世界大戰之間，曾興起很多批評民主政治的理論，一面來自左派馬克思主義，一面來自右派法西斯主義。這些批評指出，已有的民主政治本身有多少多少的毛病。然而，民主政治有沒有一定的、最起碼的功能？希特勒當年在《我的奮鬪》中即曾批評民主政治就是「無人負責的政治」。民主政治的原則，是人民自己管理、自己選舉、自己制定法律。希特勒的評論就是針對此而來。他說民主政治最大特色就是萬一事情搞壞時，人人都是自找倒霉，沒有誰能够負責。這種批評儘管對民主政治的運作，可提出一個論斷，但無礙於民主政治提供一「發展」的可能。以自由思考為例，我們當

然沒把握人在自由思考時不胡思亂想，但由於肯定了自由思考、自由言論的價值，它就有一起碼的功能：永遠保持發展的可能，即使犯錯誤，也有一自由發展的機會來克服錯誤。爲什麼要保持這樣發展的可能呢？就是因爲它背後有一對知識可改性的觀念。相反地，如果我們假定已得到絕對眞理了，就不需要發展了，但正因爲我們知道我們永遠得不到完美的知識，因此就要保持發展的可能。既然人人都可能犯錯，我們就不要相信一個神聖的領袖或一組教條。

從美國獨立時代的 T. Paine、 Jefferson， 一直到現代講民主政治的理論家，都有一共同論點，即民主政治不一定是最有效的政治、最完美的政治，但卻是一最少危險性的政治；民主政治不一定是能保證做出最好的事，但能避免做出最壞的事。能避免做出最壞的事，即因爲你沒有一絕對性的東西，若有一種罪惡是「無法改正的」，那一定是最壞的了，若罪惡都有機會改正，那還不是最壞。這種想法與古代的傳統政治思想（包括中國和希臘）所設想的 positive government 不相合。古代的思想都希望一勞永逸，有絕對好的聖人，找一絕對好的眞理，建立一絕對好的制度，使我們過絕對好的生

活。這想法是人很容易有的想法，不過那是因爲人不了
解經驗世界。我們的知識從經驗世界得來，我們怎樣處
理、運用這知識，這整個方式都是有限的，這樣我們就
不能寄那麼大的希望，希望出一個聖人把世界都搞好。
民主政治制度的目的，不要求絕對的權力，而保有一個
長期發展的可能，以便使人類的錯誤有機會糾正。

　　經驗主義的理論不管在知識論上有多少困難，但是
它對社會發展、政治制度的影響，則是很明確的，它是
民主政治制度背後的基石。二次大戰後，西方有些理
論家，特別是基督教新神學的理論家，刻意強調基督教
精神和民主政治有一定關係。基督教精神在歷史根源上
講，是希伯來精神，希伯來精神是以「信」爲主，即所謂新
約的精神，以「信」爲主是要假定有一絕對的存在，這種
絕對性的肯定怎麼會和民主政治有關呢？於是新神學理
論就把「完全」歸於神，把「不完全」歸於人，否定人的絕
對性。民主政治排斥人類絕對性，但它究竟是跟哪一個
觀念共生，這時就要拿歷史的證據來秤量。如果以原罪
觀念作爲民主政治的根源，然則，何以原罪的信仰與歐
洲專制制度曾經共存了幾百年？而就另一方面講，民主
政治的起源與經驗科學之興起，若合符節，並且從經驗

主義的知識觀也可以推出人的知識是不能完美的。然則，有什麼理由我們不用經驗主義而用原罪意識去解釋民主政治的特性？我們之所以選擇經驗主義對知識的看法作爲民主政治的基石，因爲這在解釋效力上最符合歷史解釋的要求。經驗主義思潮興起時，J. Locke 作爲經驗主義哲學家，同時也是寫 *Two Treaties On Government* 提倡民主政治思想的代表人物。比較起在他之前的 Hobbes，Hobbes 雖然也有契約的觀念，但由於他並不排斥絕對性，他的契約論因此也就變成專制的；而 Locke 因排斥絕對性，他的契約論就變成民主政治的理論。如果明白此中的分際，則我們就很難相信假定一絕對性的崇拜、絕對性的權威主義的希伯來傳統反而是民主政治的根源。

經驗主義另一個影響即與自由經濟的關係。Weber 解釋資本主義經濟的興起，是以「經濟人」的觀點爲主（此即 Weber 所謂 ideal type）。自由經濟的理論從 A. Smith 起即有一經濟人的假定，Economic Man 是 Smith 自己使用的字眼，在 Weber 則稱工具理性（instrumental rationality）。工具理性的人是只考慮利害、目的手段間的關係、效果，而不考慮別的因素，

所以是經濟人。他只在得失上作計算。工具理性的產生，把道德意識、審美觀念都化成另外一個個範疇。傳統的哲學觀念，如 Aristotle 就不會這樣講，他是講世界的目的性、人的目的性。經驗主義則把人看成經驗的人，基本上是一個要求有所得的動物，是有計算能力、工具理性的存在，這與傳統中國哲學、希臘哲學不同。甚至理性主義者（如 Spinoza）講人，也絕不會把人化成只講利害。

經驗主義對知識的看法影響了民主政治，而對人的看法雖然不那麼直接，但依然還是有一很明確的影響。A. Smith 的資本主義經濟理論是取經濟人這個基本概念來建立，而這個基本概念一旦被接受，背後就有一經驗主義的型態，即因那種 view of man，他才接受這概念。對於資本主義自由經濟制度的建立，經濟人、工具理性的觀念是有一決定性的作用，而這個觀念又與經驗主義的態度有一定關聯。

二、從西方現代思潮看中國文化運動

從五四以來在中國實際出現的政治、經濟制度與文

化思想之間的關係，我們怎樣了解呢？

（一）政治

　　中國人講政治，基本上是承繼古代理想政治「積極政府」的想法，主張政府要來領導社會，要實現文化價值，中國講民主政治理論，譬如張君勱、新儒家都講過這個觀念，卽從一理想主義的觀點，從一價值實現的觀點來看民主政治有沒有什麼正面的意義。從這個角度，可以顯現出一種看起來很輝煌的理論建構，不過這與西方民主政治的實際運作情況完全不相干的。用理想化的理論來解釋民主政治，就不是講民主政治只有一最小的功能，而是講它如何能發揮一最大的功能，這與民主政治理論顯然不相合。除此之外，其他談民主政治的人，理論成果更少。民主與科學是五四以後盡人皆知的口號，但是大家怎麼了解民主，卻始終很朦朧。

　　就社會上講，對民主也從來沒有一準確的了解，所以中國人用「民主」這字眼就顯得隨便。對日抗戰勝利時，當時中共內部有一共識，卽以爲蔣介石領導抗日終獲勝利，這反映國民黨的勢力大概一時是打不倒的，所以就想辦法要與國民黨長期較勁，因此有毛澤東的〈新

民主主義論＞。＜新民主主義論＞主要即論聯合政府，先組織聯合政府，然後據此逐漸向國民黨奪權。然而「新民主主義」所謂的「民主」究竟是什麼意思呢？

　　列寧認為民主有兩個意思，一個是資本主義的意思，講選舉投票，主張人民的同意；另一個意思則講民主是符合人民的利益。列寧以為符合人民利益，才是真正的民主。毛澤東的「新民主主義」就取這觀念講。毛這樣講並不奇怪，因他本是馬列信徒，問題是當時那麼多知識分子（像聞一多），居然也會接受這種理論，這是什麼道理？「新民主主義」的民主觀念，分明與我們講自由主義之民主意義不同。以人民利益為主，一轉就成了聖君賢相的觀念，例如說「先王以不忍人之心，而有不忍人之政」，有不忍人之政，不是正合乎民眾利益嗎？所以倘若順著民眾利益這觀點講民主，就又回到中國從前聖君賢相的觀念，再一轉就近乎獨裁領袖的想法。這樣的「民主」何以會被當時知識分子所接受呢？究竟我們要求怎樣的民主？如何去要求？或這民主與文化運動有怎樣的關係？我們都要重新界定、考量。五四以後，談「民主政治」，事實上有很多歧義。

（二）經濟

　　就政治而言，五四以來知識分子對民主的了解是非常不準確的，就經濟而言，中國的情況也很諷刺。我們不能否認臺灣經濟目前的趨勢或所謂臺灣經驗，基本上是資本主義經濟的成就。當然，其中也有運用國家權力保護企業等等措施，不過它的用意在於「累積」財富，而不是以「分配」的問題爲主，此即 A. Smith 當年的理論，所謂國富論（Wealth of Nation）。這與目前標榜的民生主義或孫中山思想，究竟有什麼關係呢？中國大陸實行社會主義經濟，其背後的觀念是列寧、馬克思的觀念，可是這社會主義經濟又不足以維持它自己，所以一方面走社會主義道路，一方面又說要改革、開放，這對馬列主義講是一個諷刺。而就臺灣說，孫中山當年說「民生主義就是社會主義」，而臺灣歷年來中央統治也一向很強，然而現在造就出一經濟的成績了，憑藉的是什麼呢？顯然並非孫中山當年的民生主義。到現在爲止，我們接受西方經濟制度的思想，還是轉了一個彎，但最終仍轉向 A. Smith 的想法。這表示五四後數十年，中國經濟所取的路向也頗爲複雜。

　　目前臺灣經濟政策、經濟現狀是尚難樂觀的，以往是短期政策的有限成果，現在則需要一個新的作法。從理論上講，這一點沒有人反對，但實際上則是另一回事。究竟臺灣要往哪裏走？這些事情反映了自從新文化運動以來，中國人吸收西方的文化成果，至今爲止都是很零星、很有限的，而且不能對症下藥。

　　關於文化思想方面，則涉及現代西方思潮的影響，我們留到下一講再談。

1991年11月22日講（蔡雲姍整理）

第 七 講

二十世紀後期哲學思潮之新取向

反省中國文化運動與現代文化思想問題，離不開西方現代思潮的走向。現在我們簡單介紹二十世紀五十年代以後的哲學思潮，分四部分講。一方面希望掌握這些思潮的特點，另一方面也將由此觀察中國文化思想所受的影響。

一、科學知識之省思

對於科學知識的性質必須有一反省的思考，不但檢討以往科學知識，而且也檢討科學知識背後的理論，此即科學哲學 (Philosophy of Science) 之省思。

前講我們談解析哲學，是以二十世紀前半期為主，主要有兩支：邏輯解析與語言解析。就語言解析說，在 Wittgenstein 晚年影響之下出現了幾位哲學家，他們在五十年代前後就開始了對舊式的關於科學哲學的公認說法 (received version)，也即 Carnap 理論的檢討。Carnap 以自然科學為模型，試圖證明其它科學與自然科學的差別只是一程度的差別，早晚都要發展到像自然科學一樣。。但在 Wittgenstein 影響之下出現了 P. Winch，Winch 用語言解析的初步成果重新反省社會

科學知識，他有一篇重要文章 "The Idea of A Social Science"，提出對社會科學的新觀念。 Winch 認爲社會科學所討論的題材是人的生活的題材、人的行爲，基本上與自然科學的對象不同。Wittgenstein 分析語言功能時不承認有 universal law， 而是說每一種不同的語言內部有一 rule， 即所謂 game rule，這內部的 rule 無所謂對不對， 它只是如此活動的一種形式。 Wittgenstein 這個觀念本來是爲解釋語言哲學的問題，Winch 則把它擴大應用到社會科學上。社會科學和自然科學其不同處在於自然科學是要尋求一種 universal law，可以作預測，所以其方法必定是 hypothetical-deductive，即如果某些條件成立，就會有某些後果。從前舊的說法認爲社會科學也是如此，不過不精確罷了，然而 Winch 則說根本不是這樣。 Winch 以爲社會科學要瞭解的是人的實際生活層次，這些生活層次在不同文化下有其不同的 rule。Winch 的說法背後含有一對當時人類學的檢討。人類學研究不同民族，特別是早期的社會， 發現他們生活的 rule， 對於已成立的大文化系統， 譬如歐洲文化系統，可能是完全格格不入的、陌生的。由此，Winch 說要瞭解不同文化， 首先要明白我們研究人類

文化、行為，根本不是要找一 universal law，而是看它內部的 rule，我們應以此態度來了解各不同文化，甚至了解古代歐洲文化。

Winch 的理論引起很大的反響，一度被當時社會科學家攻擊，論者指出 Winch 的說法是一相對主義 (relativism)，這種相對主義觀點最終將引致自身的否定。於是兩方面爭執頗烈。這個爭論的時間在1958年，造成很大的震動，但到了 1962 年，Winch 的主張已不成為「異端」了。

T. Kuhn 於 1962年發表 *Structure of Scientific Revolution*。Kuhn 比 Winch 更徹底，他不是討論在社會科學方面尋不尋求一 law，而是要重新解釋自然科學的性質。傳統或常識的想法，還是相信科學讓我們了解更多的眞實，認為科學愈進展就愈接近眞理，這是 Descartes 以來的傳統。現在 Kuhn 則說：包括自然科學在內，科學研究發展的情況並不是經由得到一些比較「眞」的知識，一步步累積起來就愈接近眞理，不是這麼回事。於是 Kuhn 提出 paradigm（典範）的觀念。現在，我們以幾個關鍵詞語來說明。

首先是 paradigm。科學知識在某一階段中，先有

一套大家共同假定、承認的解釋方式，卽稱paradigm。把這樣一種語言的使用，作爲一公認的設定，通過它我們解釋日常經驗與實驗室裏的經驗(科學實驗的結果)，當這解釋產生適當的效果，對於許多個別的觀察現象都能給予令人滿意的解釋，這時就確定了 paradigm 的地位。對 paradigm 的認可，根據的是其解釋上的效力，同時，這種解釋蘊含一可預測的結果。對 paradigm 而言，除了解釋的效力之外，並沒有一套形上學或先驗的基礎來肯定，它只是說旣然這個 paradigm 可以解釋許多現象，那大概是「眞」的，此「眞」的意思並沒有超過那個解釋效力所指的內容。

然而，一旦我們延長實驗或擴大觀察範圍，到某一時候可能會發現 Kuhn 所謂的 anomaly (反常) 現象。 anomaly 是對 paradigm 而言。當我們發現有一些現象爲原先的 paradigm 無法解釋，此卽 anomaly。當大家發現有些問題不能解決時，剛開始可能認爲是實驗中技術上的錯誤，或解釋上有什麼遺漏，換言之，仍要維持原有的 paradigm，補充其他理由以解釋反常現象。不過反常現象倘若持續累積，到一個程度就形成所謂科學的危機 (crisis)。例如 Newtonian physics 對

於以太 (ether) 的假定，在 Lorentz 的實驗中可證明絕不能成立。Crisis 一經形成，我們大概就承認原先的 paradigm 不足以解釋某些事象，而這並非技術的錯誤，因此，就有一 paradigm shifting （典範轉換）的問題。 paradigm 如何轉換，在 Kuhn 個人有其階段性看法的不同，引起後來許多爭論，但大致意思是說從 crisis 會引生 revolution。 即典範的轉換問題，往什麼方向轉，換一套什麼新的 paradigm 代替，是一跳躍性的、並非可用固定程序推出來的過程，所以名曰 revolution。

Kuhn 理論，本來若只就科學史講，好像也沒什麼大不了，但由此所產生的幾個觀念，卻動搖了歷來對科學知識的想法，甚至歷來對知識的想法。首先，從 paradigm 到 anomaly 有一封閉社會 (closed society) 的觀念。Kuhn 論述 paradigm 一經成立，不僅僅是科學家，即就科學教育言也都採用這套典範，結果就形成一封閉社會。這個社會如果沒經過 crisis 到 revolution 的階段，人們是不會輕易放棄的，只有確實發生了困難，並且無法漠視了，然後才轉出一新的典範，這才可能跳離原來的封閉社會。

依 Kuhn 這樣說，我們不能在理論效力以外肯定科學眞理，然則，科學眞理的觀念到底有沒有？除了解釋的效力之外，還有所謂「眞」的標準嗎？如果沒有，則從典範的轉換就產生了第二個觀念，卽對 truth claim 的懷疑。我們通常宣稱有所謂「眞理」，事實上這 truth claim 並沒有一先天的或形上學的根據。從實際上看典範的成立、動搖與轉換，它的確有這幾個階段，於是所謂 truth claim 乃是非常不可靠，我們應以解釋效力 (explanatory power) 的觀念代替眞理的觀念。這個觀念一旦出現，其影響就不僅只是科學史。如果說社會科學的眞理觀念是可以取消的，那麼通常講的眞理是不是也可以取消？社會科學是一由比較具確定程序所建立的知識，如果說這個知識無所謂眞不眞，而只能講它的解釋效力，那麼由日常經驗所構成的知識，離眞理就更遠了。如此一來，對知識問題就產生了一根本的挑戰。在 Kuhn 之後，對於科學知識及其背後的理論，都要重新加以反省，然而我們能作出什麼正面的回應？

1977 年，Kuhn 出版 *Essential Tension*，他在序文中說：五年前（卽1972年）在我所用的語彙中，沒有

出現 Hermeneutics （解釋學），但最近幾年特別看解釋學的理論，感覺到解釋學的歷史的影響就在於引起我這種思想。Kuhn 的意思是，他個人並沒有受解釋學影響，但解釋學所指出的問題，在時代的意義上，即喚起他的這個思想。從這裏我們可以轉到第二個思潮。

二、解釋學之新型態

Hermeneutics 就其字根看，在希臘文中即帶信息的神，中古時則指解經學。但到了 Hegel 的後學 Schleiermacher、Dilthey 兩人，他們運用解釋學的觀念來講文學、藝術、宗教經驗，初步地透露出一個立場：對於人文現象的解釋，基本上解釋者與被解釋者是交互地影響，不是像自然科學的研究，對於自然歷程基本上假定是沒有干涉的。例如 Dilthey 講歷史，提出 empathy 的觀念，認為只有進入歷史中體驗，才能真正了解。再下來通過 Heidegger 的形上學，於是出現 Gadamer。

Heidegger 對 Gadamer 的影響，是把 understanding 的問題從經驗主義傳統中抽出來講。經驗主義的傳

統一直影響到經驗科學的看法，卽假定人是可以作爲一純粹的觀察者來了解對象、獲得知識。但 Heidegger 則認爲人的 understanding 本身就是人存在的條件，換言之，人不是作爲跟對象對立隔離的存在，而是人的 understanding 怎樣運行，他就自己成爲什麼樣子的存在（這個意思在 Heidegger 早、晚期有繁簡的不同）。這種思想影響及 Gadamer。Gadamer 特別運用到對歷史的解釋 (interpretation of history) 上面：我們對歷史的了解不是離開了歷史而作了解，而是永遠帶著歷史的烙印來了解歷史。例如作爲一個中國人，我們自以爲很客觀地來了解中國歷史，但我們思考的許多方法、假定，其實根本就是在中國文化歷史中形成的。把這一點進一步理論化，則說我們承受了歷史文化的成績再來了解歷史文化，意思是否是說承受不同文化的人，對歷史的了解就完全不一樣？如果是，則 interpretation 就不可能是普遍的，每一歷史的解釋都不可能是普遍的，因爲同受制約於背後的傳統。這樣，無論在理論或語言上，都會產生很大困難，我們究竟怎樣陳述一個意思？你若用中文說，背後自帶一中國文化的傳統，如用英語說，應帶英文傳統，Gadamer 用德文說，是否卽帶一

德文傳統在後面？ 此卽近代 Relativist Paradox 的問題。

現在順著 Gadamer 理論的意思看。我們看理論有兩個態度，一個是 replay the game，好比擺棋譜，這是作理論工作時一個必要的本領； 另外一個是 critical study，看它內部能不能成立，成立的程度有多高。 如 replay the game， 人本身是在一定文化生活裏面， 承受一定文化成績， 所以卽使他對自己文化作反省， 他依然受此文化成績的一定限制，人雖一層層也可逐漸改變這限制， 但不可能突然間跳躍。 所以 Gadamer 在 *Truth and Method* 一書最後就說： 如果我們希望不受以往文化傳統的影響而來了解世界，we came too late。

從以上看， 顯然這裏也有一相對主義的傾向。當你去了解一異質文化時， 一定是帶著已有的文化去看， 另外的人帶另外文化傳統去看， 所得就不一樣了， 那麼在一個什麼標準下說哪一個比較對?

Kuhn 本來是要提一較為嚴格的科學知識的概念，但結果卻有一相對主義的傾向。Winch 亦然。 Winch 在 Kuhn 之前解釋社會科學， 他是在一多元文化的假定下講， 但也承認在社會科學中不可能有普遍的知識。

Gadamer 自己雖不承認相對主義者的稱號，顯然也有此傾向。所以，現在就有一個 Relativist Puzzle。我們究竟在什麼程度上承認相對主義的觀點？我們是不是像當年 Socrates 那樣說相對主義根本是不能成立的？倘若相對主義能成立，那麼反面還有什麼論點？或者，僅在某種程度上我們承認相對主義是有一定意義的？這些都是現代哲學中還沒有完全解決的問題。近二十年來，在歐洲以外的地區，這些都已非常流行。有人因此就依哲學思想的論證，用個人心理的、社會的傾向來正當化一些事，例如一個人對於規範本有反感，他就拿相對主義來說一切文化都是相對的，規範也是相對的，所以我不守規矩不算錯。這種影響遠比學院中哲學家談問題的影響大。如果多數人對相對主義有誤解，這在思想運動中的影響，將非常嚴重而不可忽略。

所謂解釋學之「新型態」，是因為 Gadamer 並不僅僅用以解釋一定的 text，不像中古只為解經。Gadamer 把解釋學擴大到歷史，但在 Gadamer 影響下，其他人更可採取解釋學的方法來解釋政治學、經濟學。如此一來，解釋學這一新型態就不是解經的 text，而成為時代的思想潮流：它強調人對已有文化的關係，

或已有文化對人的限制， 但同時又希望在其間安頓文
化發展的問題。 這在內部卽有一困難。 形式地講， 在
meaning theory 上的困難是第一層； 第二層則是在內
容上， 卽究竟我們還能不能談文化的進展？ 通常講「
進展」 是有一 universal criterion， 故能說一層比
一層高， 但倘若所謂進步的觀念也在系統裏面加以衡
定， 每一系統各有其不同觀念的進步， 然則所謂進步的
universal criterion 如何確定？ 如此卽有 Gadamer 與
Habermas 的論爭。 論爭主要關鍵卽在： 我們如何看文
化進展的問題， 如何了解文化傳統？

三、批判理論之根源及演變

批判理論之興起與 Marx 有關。 Marx 理論的提
出主要有一目的， 卽對西方資本主義文化持一批判的態
度。Marx思想若扣緊其全部著作看（尤其《資本論》）
則早已過時， 他對資本主義結構的分析是針對舊式的資
本主義， 然而， 在 Keynes 之後， 歐美的資本主義經
濟本身已變形了（變形當然不意味其完美，自有種種毛
病， 這些都表現在今天美國經濟上）， 它和 Marx 所批

評的情況已然不同。 Marx 所作的判斷、預測都有問題，例如勞動價值說作爲一經濟理論，也已有很明確的經濟學論證可以否定它。 就這一面講， 可說 Marxism 是一過時的思想。但從另外一面看，Marx 對於資本主義文化興起後陰暗面之批評， 或再進一步， 就他對人與已成文化系統之間關係所取的態度看， 則Marxism自代表一很重要之取向。你可以完全不相信 Marx 的具體理論， 但在態度上， 則你可能和他很像， 卽所謂 critical 態度： 人對文化傳統已有的秩序、制度、制度後面的理想， 永遠可以採一批判的態度。 採取批判態度的人都偏向一否定性思考，特別著重揭發文化發展中的負面因素，但他們同時也有一呼喚歷史進展的要求。 「發展」的觀念是批判理論背後的基本假定與取向。

新馬克思主義 (Neo-Marxism) 主要以法蘭克福學派(The Frankfurt School)爲代表。 法蘭克福學派在二次大戰間， 從歐洲遷往美國講學， 如 Horkheimer 等人，下一代有 Adonor 等， 當代則以 Habermas 爲代表。 就 Habermas 所代表的當代批判理論來說， 他個人的思想可分兩個階段： 早期承繼批判理論原有的傾向，卽重新解釋Marx 對現代文化的批判； 近二十年來

他後期的演變，則走向 The Theory of Communica-
tive Action， 對於人類行爲提出所謂溝通論。 「行爲
溝通論」是他正面的發展， 是 Habermas 超越批判理論
的個人成就。批判理論內部有一困難。卽他承繼 Marx
文化批判的立場， 把文化現象的後果 拿來解釋理論、
知識， 這是以發生 (genetic) 的問題代換了內含品質
(intrinsic) 的問題。 一個理論在什麼情況下發生，與
它內部的品質是什麼， 這兩個指涉不一樣；我們在什麼
動機下提出一個理論， 與此理論之解釋效力有多大，這
是兩個問題， 不能還原成一個。我在前面已經特別指出
這一個重要的分別。

Habermas 講溝通論，目的是要超出相對主義，所
以要確定一ideal speech situation: 如果要進行討論，
卽要假定一 rationality。這種合理性伴隨著 discourse
而來， 卽建立任 何論點， 要能溝通彼 此的主張， 背
後一定帶一種 rationality。 相對於其很多哲學理論，
Habermas 的溝通論顯得肯定的很少，但他顯然是要嘗
試突破 Relativist Paradox。相對主義的困難在於： 如
果貫徹相對主義的原則，就無法 explain yourself，這
裏有一 self-defeating language 的問題。 Habermas

的努力在現代哲學家中是很了不起的。Kuhn 只曉得拒絕承認相對主義，但講不出所以然來。例如在1970年紀念 Carnap 的討論會上，就有人問 Kuhn：你是不是最後會推出一個結論，即一個人因爲他是 Kuhnian，所以接受 Kuhn 的理論？Habermas 即要突破這個 paradox 以確定一普遍性。然而，就批判理論內部講，其特點並不在此。

批判理論強調：人對文化之不斷批判的活動，是文化生命持續成長的主要條件，一個文化要不至於僵化、墮落，就必須不斷地批判。「不斷批判」就隱含一否定性思考 (negative thinkng)，即面對一已成的文化，要找它的缺點所在。這裏即表現出它與解釋學的差異所在：不斷地對傳統持一批判的態度，就要假定你能够這樣做，但依 Gadamer 的意思，人就是不能完全脫離傳統，倘若一個人不能完全脫離傳統，我們批評一文化傳統時就有兩個可能，一個是帶著文化傳統內部的影響去批評傳統，另外一個是帶著一完全不相干的異質文化傳統去批評它，而這兩者都不能保證「進步」。我們如果接受解釋學的觀念，就會感覺到批判理論好像有一 groundless presupposition。如果人永遠不能脫離文化

傳統的影響，那麼批判理論所強調的批判活動就像沒有根據的。旣然人不在此傳統中，就在彼傳統中，則情況若不是兩個異質的傳統互相衝突，即是一個傳統內部自我衝突，然則，何以批判能引導進步呢?

在批判理論立場來講，它必要問: 假定人沒有批判能力又如何? 人不能超越傳統來進行批判，則文化根本不能發展; 然而就文化史看，文化畢竟在發展之中，歷史的動性是一不可否認的事實。但從解釋學的角度看，人相對其文化之局限性，也是明顯的事實。

Habermas 與 Gadamer 的大辯論，一方面很有意義，因爲兩邊都說出確定的立場，同時也考慮對方的批評; 不過，這場辯論還是沒有得到應有的結果，因爲並沒有對問題提出一眞正的解決。如果我們檢驗這兩個語言系統，就可以發現，在它們內部是不能解決相對主義的難題的，在此必須有一 meta-language，必須越出這兩個語言的意義結構才能解決。

站在一文化史或思想史的觀點看，批判理論與解釋學是如此水火不相容，但和科學哲學一樣，二者又同有一相對主義的困境。人對已成的每一文化傳統持一批判態度，但又不能找出一超越一切文化系統的絕對知識或

標準，結果每一次的批判就成了一種意識型態對另一種意識型態。例如我們以社會公正的觀念批評現存的制度，這首先要假定每一文化系統都肯定社會公正的價值，but, what kind of justice? and, whose justice? (MacIntyre 語) 這就又陷入相對主義的困境。

　　就 Habermas 個人而言，他想要突破相對主義，因此講溝通論，提出 communicative rationality，肯定一種普遍性。不過他只解決一層，他講的是我們在知識語言的意義傳達上，必須假定有一普遍的 rationality，不然就無法分辨討論、吵架與宣傳的不同。討論之所以可能進行，卽因它訴諸於 communicative rationality；如果要傳達知識，就要假定一種客觀性、普遍性。Habermas 突破相對主義的困境是一了不起的成就，可是這只是他個人的發展，且問題只解決一層，並沒有全部解決。相對主義的困境仍然威脅著我們的思潮。

　　正因爲這幾個大學派雖各有其貢獻，但亦同樣都引起了相對主義的困境，而相對主義本身又導致一文化危機，所以前些年西方人對此頗有哲學終結之感。大家感覺到哲學與文化都面臨了危機，而未來的新取向依然是嘗試性的。「哲學的終結」一方面可視爲大家的憂慮，

但另一方面，倘若換一個心態說：哲學就要終結了！這樣的態度即成所謂解構思想 (De-structuralism)。

四、解構思想與其歧義性

解構思想最大的問題在其歧義性，它所講的基本概念常有不同意義。解構思想從最形式的層面看，其共同取向即對知識之不信任 (disclaim pure knowledge)。自然科學相信有一純粹知識，不牽涉其他非知識的因素，例如個人愛好、社會習慣、階級利益等，此即 Descartesian tradition。然而解構正是要反對這個立場。自 Descartes 以來有一廣義的理性主義傳統（此理性主義不是哲學史上的 Rationalism，哲學史上的 Rationalism 很短，從 Descartes 到 Leibniz，相對於經驗主義而言），即相信哲學有一最正確的模型、最正當的方式，人對於知識與自身的了解，都應該有一最後的確解，眼前或許還沒找到，但假定是有的。（也有人名之 Foundationism，即假定知識有一不可動搖的基礎。）

解構思想反對 Descartesian tradition。它否定社

會一切已有的標準，認爲一切自明的、非常清楚的社會
規範，事實上背後都帶有一陰暗的、非知識性的成分。
例如 Derrida 建構一套語言哲學，一套對語言的講法
(theory of language)；通常我們講語言怎樣表達意
義、表達知識，然而 Derrida 通過語言的非知識性的
活動，表明語言怎樣被虛僞化、被扭曲。他的目的是要
取消 reality 的觀念，說那些都是不可信的。這和我們
通常講語言哲學的目的相反。語言哲學的基本目的原是
要顯現語言的功能所在，但 Derrida 則強調語言如何
被誤用、濫用、扭曲。對語言的特殊主張，是 Derrida
解構理論的根據所在。

　　Faucault 的理論，事實上越不出 Derrida 的範
圍，不過他有不同來源的思想成份。Faucault 把解構
思想的要求和存在主義生命感的問題匯合起來，又強調
Marxism 對資本主義文化對人性的扭曲底批判。例如
他講監獄問題，就是要把犯罪這個觀念解消掉。

　　Faucault 與 Derrida 的思想，其正面的意義不會
越出一文化批判的意義，但其理論的極端性則與批判理
論者不同。批判理論對歷史、文化的進展有一明顯的肯
定，此所以批判理論主張每個人要用批判精神看自己已

有的文化；解構則對此正面之肯定非常之弱，他們更是傾向negative thinking。然而，當你每說一文化成果不好，順理論的標準講，我們不免要問：所謂不好是在哪個標準下的不好？ 為什麼有那樣一個標準？ 一問這個問題就成了 Habermas 的思路， 即如果能否定一個東西、肯定一個東西，背後就要假定：對於語言而言，要有一普遍的標準， 如果沒有任何標準， 怎能否定？ 用邏輯觀點講， 如果 p 屬於一個系統，-p 也一定屬於同一系統。 所以一個命題的肯定與否定， 它所要求的邏輯條件， 一定是同系統的條件。 就此而言，negative thinking 就成了滑稽的字眼。你可以說要作一 negative thinking， 而不作一 positive thinking， 但你之 negative thinking 所隱含的理論判準與其相對的 positive thinking 所隱含的理論判準，一定是一樣的， 要不然就不叫 negative thinking 了。Negation of what? Negation of positive proposition! 對不對？

解構思想的目的，其實是一文化批判的問題，不過它特別強調 negative thinking， 主張我們先要把許多現成的觀念解消掉， 然而， 就理論建構之正面肯定而

言，它所說的就很少。

　　以上所說的幾派都有一共同傾向，卽對以往大家相信的那個標 準產生懷疑， 因爲懷疑所以 各有其不同取向。面對這樣的現代思潮，一面五花八門，一面產生許多困境， 於是今天再要談中國文化的改造運動、 文化路向，我們應明白這不是清末或五四時人的想法那樣簡單。清末人是講我怎樣得著西方人長處，五四人則說怎樣把我們變成西方人就好了，卽所謂全盤西化。這樣的想法對我們今天的課題都已不適當了，今天我們面對的是如此的一個現代文化，它表現出這樣的強點、弱點；就思潮上講，則有這麼多的嘗試與困難。我們自已站在此處， 到底如何選擇未來， 這就需要一相當繁複的工作，對一個個層面的問題有一看法。究竟我們能够選擇什麼。這是最後一次講演的主題。

1991年11月29日講（張善頴整理）

第 八 講

認識與路向

一、基本觀念的再認識

（一）現代化與現代文化

中國文化 的路向問題 與改造問題， 實即現代化問題。所謂中國的現代化，意即： 有一套現成的西方現代文化擺在眼前， 我們在其壓力之下被迫面對它， 從而必須作一自我調整。這種自我調整並不純粹是一價值選擇的結果。以科技為例， 中國之科技現代化過程， 實際上所考慮的問題， 並非科技在一廣泛的、長期的意義上，有多大的客觀價值， 而是面對西方挾堅船利砲向中國侵逼， 對此壓力而被動地作出的反應。現代文化則與現代化指涉不同。

客觀地說， 所謂現代化， 即在歐洲興起了一現代文化， 由於此現代文化之擴張， 影響及於世界其他各地（中國也在被影響之列）， 因此而產生一普遍模倣、學習「現代文化」 的「現代化」 運動。就歷史根源講， 乃是先有現代文化， 而後才引起現代化的要求。

現代化歷程伴隨著一特定歷史形勢 （所謂「西力東漸」）， 在此形勢之下， 即使主觀上不願意接受， 但現

實環境則有一壓力，迫使你必須改變自己、裝備自己，以承受當下的壓力。現代文化則不然。我們看待現代文化，是就其為一文化體系，而分析其長短、優劣。區別了現代化與現代文化，我們自然明白：關於西方現代文化的批判理論，與中國現代化問題，乃是兩個不同的課題。現代化問題是歷史形勢的問題，這一歷史形勢造成一急迫感，我們必須馬上應對，而這不等於對現代文化作一長期價值標準的判斷問題。

在四十年代，我就明顯感覺有一容易被混淆的觀念。一方面，有一套對西方現代文化的批判理論，這個理論指出：已經成形的西方文化有種種的毛病；但另一面，當我們談現代化，又好像是要將中國儘量變成歐美社會。一方面我們說現代文化有許多缺點，但另一方面又說要學習現代文化，這兩個觀念彼此之間似乎有一衝突。然而，如果嚴格地劃分，則一個是歷史形勢的問題，另一個是價值判斷的問題，根本是兩個範疇。但一直到今天，這種觀念上的混淆始終沒有全然澄清。比如有一部分學者大談現代文化批判理論，好像現代化因此是不必要的。然而現實環境中，你的歷史進程如何獲得充足實現呢？

臺灣雖然晚近在一特殊經濟因素下，取得若干成績，但就整體而言，離現代化則還很遠。例如現代化必備的幾個條件：社會責任的自覺意識、社會自律性、人對其職業的效率感等，都與現代化社會相距頗遠。所以倘若要藉現代化以使社會力量提高到足與現代社會相競爭的地步，顯然還必須再進一步現代化。這仍是早期被動歷史形勢的延續。就此而言，應與現代文化的弊端分別來看。我們並非說現代文化的弊端不應避免，而是說那應在另一個線索上講，才能有一比較妥當的解決。如若不然，則可能打亂了對現代文化之批判與現代化要求二者之間的分際。

現代化與現代文化的區別，背後牽涉一更為基本的理論問題，此即文化理念與文化運動之差異。

（二）文化理念與文化運動

從事某一文化運動，大體上即訴諸於某一文化理念。不過，文化理念與文化運動彼此的指涉，卻有一根本不同處：文化運動永遠有一階段性，即在短期歷史階段中推行某一文化運動，這文化運動所要求完成的目的或功能，乃是被其歷史脈絡所決定；文化理念則討論在

一長期歷史中，人類文化活動應具有的特色或功能。

以社會公平 (social justice) 爲例。社會公平觀念在十八世紀末到十九世紀初歐洲的文化哲學裏很少出現，卽使出現也是從別的論點引伸而來；但到了十九世紀末、二十世紀初，則社會公平觀念日趨重要，這裏卽突顯一歷史階段問題：當文化發展到一定時候，在某一面的困難特別顯著，於是就產生一套對症下藥的活動，如果這活動爲社會大眾所廣泛支持，卽形成一文化運動。很顯然地，文化運動與一歷史階段的特殊要求不可割裂。然而，文化理念則恰恰要脫離歷史階段的限制，它不問眼前的現實需求是什麼，而只就一長期的文化價值看，尋求一文化價值的普遍性、超乎經驗的確定性。

中國文化的路向問題，倘若取文化理念的標準，則應該配合世界來看。就人類文化而言，東西方文化各有其特色，其利弊得失如何，都有一普遍的意義。講文化理念，卽就普遍性著眼，不能說今天確立一文化理念，明天就不一樣了。文化運動剛好相反。某一階段的文化運動只做某一些事，滿足了所要求的條件之後，下一階段的文化運動是什麼，得視歷史的具體要求而定。從這裏，就逼近一些常被爭論的基本問題。

　　中國從五四以來講文化路向問題，不管是極端傳統主義者，或極端西化主義者，都有一確定的文化理念的立場。就此而言，他們所提出的論點，應滿足一普遍性的要求。然而，他們很快地就把這些理念，轉化成一文化運動的指導原則，而不顧客觀歷史形勢的具體條件為何。從文化理念推論出來的，是一應然的判斷，即文化「應該」成為這個樣子；但文化現實上「如何」成為那個樣子，或某一文化成為這樣，某一文化成為那樣，其間有何不同，這些都牽涉具體歷史限制的問題。借用 Hegel 的觀念: concrete universal 與 empty universal 來說。假定你問人: 我怎樣可以成為一個偉大的物理學家? 別人回答說: 只要變成 Einstein 那樣，就是一個偉大的物理學家。這話究竟答覆了什麼? 你的問題最關鍵處，是當前具體的你如何成為偉大的物理學家，而他的回答「像 Einstein 那樣」，這對你是完全無用的，因為你仍然不知道，當前的你如何成為 Einstein。如果只說偉大物理學家一如 Einstein，於是把 Einstein 的特質一條條列舉出來，這是關於 偉大物理學家 這個概念的內容，它當然是一 universal，但卻是一 empty universal; empty universal 的回答，只建立一個概

念。概念當然必要，然而不能據此提供一具體的實現過程。文化理念卽一 universal，文化運動則牽涉 concrete 的過程，卽具體歷史形勢的客觀條件問題。

長期以來，學術界有一明顯的衝突：從經驗科學的立場，講文化運動如何如何；另一面則有文化哲學的立場。兩方面爭論誰的論點比較重要。事實上，這兩個領域無所謂哪個重要，哪個不重要，端看處理的是哪個問題。如果處理理念問題，當然 universal 重要，但如果目的是要求一具體實現，則應講 universal 如何具體化的過程。文化理念是要確定一 universal，文化運動則針對一定歷史階段、一定歷史需求而講其具體條件，兩者並不同屬一個層面。

（三）批判意識與建設意識

倘若我們全盤接受現成的文化，那就不會產生一文化運動、文化路向問題。其所以有文化路向問題，卽因對已有之文化成果有所肯定、有所否定。因此，文化運動的意識，乃伴隨有一定程度的文化批判意識的要求，這批判意識在某一方面言，是推進文化運動的動力來源。然而，文化運動作爲一歷史事實，當其在歷史中展

開時,有什麼正面的理由使我們可對它加以肯定? 如此,在一批判的 歷程與一正面肯定的要求之間, 亦卽在一「發展」與一「定」下來的要求之間, 似乎有一矛盾:在不斷發展之中, 好像就排除了對當下的肯定。 事實上, 這兩個觀念是並生的, 在每一發展過程中, 總必須有一度的「定」, 如果全無所「定」、全無建設, 則整個發展的意思也就渺茫了。

對現代哲學中之 Relativist Paradox 而言, 如果只承認一相對主義的觀點, 就只了解「批判」的意義, 而不了解「建設」的意義。然而, 不論就邏輯或就歷史的實際運行講, 批判與建設都是相輔相成的, 每有一次批判卽須有所建設 (但此建設並非一教條式、永久的建設)。以語言分析為例, 不論就哪一語言級序上說, 倘若要建立一確定的論點, 則此建立本身就要求某些規則是必要承認的; 如果說任何規則都不承認, 則不可能建立任何論點。不能真正建立論點, 而在任一語言級序上跳換, 則只是要把戲, 沒有實質意義。這裏卽隱含一思想的危機。

中國大陸由於思想統制嚴厲, 只允許有官方說法, 所以稍稍開放之時, 知識分子的反省就都面對這一官方

思想講話，因此批判意識顯得特別強。就個別思想家而言，如金觀濤、李澤厚、甘陽，他們批判當前中國的文化、制度、意識型態有若干缺點，都確有所指，然而其批判的理據何在，則說不出所以然。大陸學者大都以批判意識爲重，彷彿中國眼前只要把某些弊端批判倒了就好；至於正面的建設，則是其次的問題。批判意識可能引出一強烈的社會效應，甚至最終導致社會變形，可是並不能眞正解決問題。考慮長期的中國文化路向問題，在我們自己心態上，首先必須承認建設意識是一必要條件。否則，即不能越過這裏的思想危機。

（四）開放原則與成熟原則

開放系統與封閉系統，是邏輯、數學或知識論中常使用的，即倘若我們建構一套語言系統，這一套語言自有其特定功能，因此也就成了一封閉系統。邏輯、數學講系統，是就其爲一整個系統來講其封閉或開放(closed system or open system as a whole)。我們借用這對概念，意思則是說：對任一系統內部的組成成素 (element) 而言，都有其開放的與封閉的區分。這是就一理論的效力而言。所謂一文化系統的開放成素，意

卽這些成素雖然出現在特定文化系統中，但應用到其它
文化系統，仍有一定效力。相對地，如果有些成素離不
開特定系統，一旦抽離這個系統就沒有意義了，那卽是
封閉成素。我們所以同時強調文化系統內部有開放與封
閉的成素，原因在於：講整體主義文化觀的人，很容易
假定一切成素都是封閉的，離不開原有的系統；相反
地，否定整體觀的人，則無條件假定一切文化成素都是
開放成素，好像一切成素的存在與其系統無關，隨時可
以抽離出來。這兩種假定在理論上都很難成立。

　　中國以往解釋傳統思想、生活規範的理論，同時
透露出兩個特色。一個特色是相信「天不變，道亦不
變」，完全是普遍性的、開放的肯定。其所講的「
理」，似乎和特殊的文化、歷史結構都沒有關係。另外
一面，則至少從宋明時期，卽中國傳統哲學成熟期以
來，幾乎全是一套套的封閉語言系統。例如朱熹從宇宙
論的陰陽五行觀念（承自周濂溪），講五音、五色、五
味、五聲、五倫，構成宇宙的成素恰恰只是五個。這是
一典型的封閉系統。漢代以後的儒家，當其建構理論
時，一方面宣稱有一絕對的普遍性（「理」），另一方
面則又建構一套套特殊的封閉語言系統。我們如果了解

歷史中，人是可以在開放與封閉之間，犯種種觀念上的錯誤，那麼釐清這個區分，就有其理論上的意義。

當我們討論文化改造的問題時，更要注意這個區分。傳統與反傳統，其所以衝突激烈，卽因彼此各有一不自覺的傾向：反傳統主義者把一切文化成素視爲封閉成素，認爲傳統文化中每一成素，都與傳統社會結構中已有的生活方式、歷史階段相對應，因此若要改造，則必須全盤丟掉；而傳統主義者則強調原有系統的普遍意義，因此，卽使西方文化侵入，我們內部也可以不受任何影響。然而，事實是任何一個文化系統，多少都有一些開放成素與另一些封閉成素。文化之所以有進步，卽因人一方面肯定開放意義、普遍意義的文化成素，同時面對具體歷史形勢，又構作出特殊的封閉成素以爲肆應。封閉並非卽不好，封閉成素在一定範圍中仍有其一定的功能，只不過離開了那個範圍才喪失其作用。

談文化運動，特別就其開放成素來看時，則易把重點擺在歷史的動性 (historical dynamism) 以及歷史的發展上，因爲要求發展，所以捨棄封閉的部分，把開放的成素納入新系統之中。發展是對於原來狀態的一種改變，然而，如何保證此「變」有一正面意義，則需要確

定一成熟原則 (principle of maturity)。任何文化行動，如建立一制度，都要在創生之後一段時間內才漸趨成熟，它的利弊得失才表現出來。文化發展，一如 Hegel 所說層層昇進，後一階段應保證比前一階段的價值更高，而這必須每一階段的功能都已充分實現了，再往上一層轉出，才能提供保證。

Hegel 講歷史的惰性：認為制度之崩潰，是有理由的，因為它失去了效用；制度之興旺，是有理由的，因為它正發揮功能；制度應崩潰而不崩潰，也是有理由的，卽因歷史的惰性。然而，如果像Hegel這樣explain anything，那就 explain nothing 了。Hegelian Model 之觀點，關鍵在其所謂昇進的過程是一什麼意思的過程。在此，「成熟原則」可使「發展」得一確定意義：每一文化成績都有一成熟階段，如要超越此階段而繼續昇進，就必須它在此階段中之各項功能都已充分發揮。結合成熟原則與開放原則，所謂「開放」才有眞正「發展」的意義。封閉之所以不好，卽因它限制了發展，它離開了原有體系就無效了。封閉與開放本是著眼在發展上講，發展要成其為發展，而非亂變，其間自必有一成熟原則在。制度與社會秩序之演進，也不能外此。當

然，具體情況所需之成熟條件爲何，應有其個別具體的說明，但此是另一回事。

（五）「傳統」之雙重意涵

強調傳統或傳統文化，其直接意涵卽保存一「主宰性」的意思。譬如面對外來文化，雖吸收其優點，但仍要保持自己的傳統，此中卽有一起碼的自我主宰要求。傳統主義者總有一感覺，卽如果丟開了傳統，就是被外來文化支配了。「傳統」之第一重意涵，卽一主宰性的要求。

從社會心理學的角度看，一個民族之強調傳統，是有維持一自我主宰之滿足感。然而，在此也同時蘊含了一有限成果的觀念，此有限成果恰恰是對自我主宰性成爲一限制：倘若我們說傳統有一部分是必要嚴守的，這正表示我們不能改變這部分傳統，則在此傳統下的人，自有一被支配的狀態。這是「傳統」之第二重意涵。

五四以後，反對全盤西化者都說中國必須有立國之本，中國畢竟是中國，不能變成外國。這些話都透露一種「主宰」要求。然而，講全盤西化者則並不理會這種要求。另一方面，傳統主義者認爲，中國文化可以自我

改造而無窮發展。可是傳統既是一已成的文化，自有其限制。怎麼可能在一有限的文化成果之中，要求一無限的前途？主宰的要求與傳統之有限性，這就是傳統主義者與反傳統主義者使用「傳統」一詞時，所顯示出來的雙重意涵。對這一點，我們也必須有明確的認識，方能看清楚傳統主義的心態及限制，再進一步，方能擇定我們對文化傳統的適當態度。

二、路向之建議

最後我談談對於未來路向的看法。我想指出以下三點：

（一）中國與世界

從一文化發展的角度來反省，中國未來的前途，必須在一世界的配景 (perspective) 底下加以衡定，殆無疑義。此亦如中國哲學之發展，在未來必作爲世界哲學的一部分來看。當然，世界哲學直到現在還並沒有完全整合，即在西方仍有盎格魯撒克遜傳統、德意志傳統之分等等，但倘就大趨勢看，則有一整合傾向：全體決定

部分的功能，部分的功能要通過全體來顯現。不同傳統各有其長短，我們所希望的是它們的優點能參與到世界的配景裏面，發揮其作用。反省中國文化路向，也應從此著眼。

早期的 中國文化運動 確乎是一救亡運動。 這個形勢，現在當然已經改變了，外在的威脅並不那麼大。然而， 在心態上不一定大家都清楚肯定： 中國文化運動應在一世界配景下來談。大多數人著眼的還是一特殊需要。特殊需要當然要顧及，但若就未來發展講，則我們既在一世界文化環境中存在，當然必須對此有一積極的回應。這一點如果形式地看，即所謂人類行為部分與全體間的交互關係。西方傳統觀念，常將個體與全體對立起來，比如集體主義與個人主義之針鋒相對。然而，近幾十年來社會科學的發展則明白顯示：社會科學題材之一重要特性，即全體與部分的交互關係。這個問題如要作成一嚴格的理論表述，則必須深入分析。我們現在只說： 在現實中，無論國家與個人，其基本活動都在一交互關係中呈現。中國與世界不應成為對抗的關係。

（二）學習與創發

學習（或模倣）已有的文化成果，與在文化的價值理念上作一開創發展，完全是兩回事。就制度層面而言，一個制度之產生，背後自有其觀念基礎，然而這並不意味：當一個民族吸收外來文化成績時，它也要自己依一套觀念重新來創造這種文化成果。M. Weber 說文化創生的過程不可能是重複的，的確有其洞見，因為文化的產生必須配合一定的社會歷史條件，一旦形勢改觀了，怎麼可能重複呢？某一價值觀念作為某一制度的基礎，這是一理論關係，但不是一歷史關係。價值觀念總是少數人的智慧，而制度的建立則是多數人的問題，多數人之接受某一制度，必須有一社會運動作層面的基礎。制度的建立，每每是事後一步步說明其價值，至於其歷史契機則複雜萬端。我們現在說吸收別的文化成績，在制度層面上，即首先要明確知道這是一學習的過程。「學習」取其心理學的意思，當我們學得一種能力時，即牽涉整個心理結構的改變，這種改變是在學得之後，對其原先心態的調整。即如日本之西化，便是實例。

日本和中國差不多同一時期遭受西方文化之壓力。日本從明治維新以來，沒有一個哲學家、思想家的理

論， 主張日本文化要脫胎換骨， 要重新改造， 一如
Hegelian Model 所主張。然而， 日本人的心態在事實
上已有很大的改變，其原因在於事後的心理調整。日本
學得西方的文化成績， 是通過一逐步的調整、 反應而
來。二次大戰以前， 日本有若干傳統文化在西化過程中
都並沒有改變，中國人因此瞧不起日本，總認爲它的西
化是表面的、零碎的。其實， 倘就學習歷程講， 日本的
方式才是自然的過程。

　至於「創發」，可以分別兩個意思說： 一是自己直
接創發一套價值觀念、文化理念、人生態度等； 另一個
則是吸收外來成績之後， 再從內部調整其結構。吸收外
來成績不一定就是被動的應付， 也可能站在一較上一層
的視域， 在吸收外來文化之後進行文化創發。文化發展
所透露的創造性、 主宰性， 並不因爲「學習」而受限
制，學得之後依舊可以有所「創發」。

　粗略地看， 也許有人覺得我們以上所說，與其他人
的意見有類似之處。比如從前許多人主張，我們若學西
方民主、經濟，應另成一別異於西方之制度；而現時中
共則高唱中國式的社會主義。然而我們主要是扣緊「學
習」與「創發」一對概念而言， 兩者互不相礙， 但亦不

能混同。此中有一程序問題，即：學習外來文化之後，並不妨礙在內部進行一調整與創發；然而，如誤把學習過程當創發來要求，則在現實中將無從著手。比如我們學習西方自由經濟制度。自由經濟背後假定有一工具理性的觀念，但如果我們以為，若要建立自由經濟制度，必須從價值意識上先行確立工具理性的觀念，則現實中即無從著手。自由經濟作為一個制度，只要在社會運作中加以安置，自然就喚起工具理性的觀念。

在文化路向問題上，如果我們要有一實踐的要求，則應清楚掌握學習與創發的分際。

(三) 自然發展與自覺導向

自然發展與自覺導向一對概念，主要針對烏托邦思想而言。

人的實際存在，即在時空中受物理的、生理的、心理的種種限制的存在，自有一定的自然狀態，先於人的自覺活動。就人之自覺導向而言，雖可成聖成賢、成佛成仙，但落在經驗世界中，則不能假定這個社會是沒有自然限制的。此中即透露一關於「完美」的問題。人自有一向前改造，永遠排除某些陰暗罪惡的力量，此即所

謂批判精神；但儘管如此，不能因此卽假定我們已找到一完美的價值，於是一切已有的文化成果都可以丟棄。否則卽成「魔化」。理想主義的魔化卽在於堅持現實世界的完美，不但有、可以達至，而且根本就已經確定了。於是爲了實現那個完美，卽使眼前一切已有的成績都因此破壞了，也不足深惜。然而經驗世界旣然是有限的，則此所謂完美，當然是一幻覺。不尋求完美，而步步求一發展，這就是所謂「自然發展」的意思。我們只能從已有的成績，進而克服負面因素，一層層趨於成熟而往上昇進，但這只能在發展原則與成熟原則之配合下才可能。經驗世界之事實，乃是在不完美中求其發展，並非要把不完美的世界變成完美。

哲學中講自覺世界、主體性、自由意志，基本上有一超經驗的要求。超經驗自有其領域，例如佛教談「覺」，儒家陽明談「良知」（「此是乾坤萬有基」），都就自覺導向一面講，要以自覺意識之主宰性引導思考。此與在經驗世界中進行改造，承認經驗世界之自然本性，不是同一層次。經驗世界中不存在完美，並不表示我們缺乏理想性、放棄理想性；理想性原就不存在於經驗世界，它屬於自覺導向層面。

　　舉自然發展與自覺導向作對比，目的在於強調：文化運動固要靠一理想的力量，但應避免誤置，不能在經驗世界中去求一完美的制度設計；一旦誤置，即形成烏托邦思想，則後患無窮。

　　中國文化運動從清末以來直到現在，其成就是很有限的，特別經過了烏托邦運動，損失非常之鉅大。就個人而言，我不知道是否可以及身看到中國文化的改造到一甚麼程度；不過我仍然相信，文化運動是一歷史的存在，它的前途依然通過我們對未來歷史如何展開而呈現。至於個人能否眼見，反而是不重要的了。希望大家在中國未來文化路向上，各有其正面的貢獻。我們的講演能作為一個引子，我已經覺得非常滿意了。

1991年12月 6 日講 （張善穎整理）

滄海叢刊書目 ㈠

國學類

中國學術思想史論叢㈠～㈧	錢　穆	著
現代中國學術論衡	錢　穆	著
兩漢經學今古文平議	錢　穆	著
宋代理學三書隨箚	錢　穆	著

哲學類

國父道德言論類輯	陳立夫	著
文化哲學講錄㈠～㈤	鄔昆如	著
哲學與思想	王曉波	著
內心悅樂之源泉	吳經熊	著
知識、理性與生命	孫寶琛	著
語言哲學	劉福增	著
哲學演講錄	吳　怡	著
後設倫理學之基本問題	黃慧英	著
日本近代哲學思想史	江日新	譯
比較哲學與文化㈠㈡	吳　森	著
從西方哲學到禪佛教——哲學與宗教一集	傅偉勳	著
批判的繼承與創造的發展——哲學與宗教二集	傅偉勳	著
「文化中國」與中國文化——哲學與宗教三集	傅偉勳	著
從創造的詮釋學到大乘佛學——哲學與宗教四集	傅偉勳	著
中國哲學與懷德海	東海大學哲學研究所主編	
人生十論	錢　穆	著
湖上閒思錄	錢　穆	著
晚學盲言(上)(下)	錢　穆	著
愛的哲學	蘇昌美	著
是與非	張身華	譯
邁向未來的哲學思考	項退結	著
逍遙的莊子	吳　怡	著
莊子新注（內篇）	陳冠學	著
莊子的生命哲學	葉海煙	著
墨子的哲學方法	鐘友聯	著

韓非子析論	謝 雲 飛	著
韓非子的哲學	王邦雄	著
法家哲學	姚蒸民	著
中國法家哲學	王讚源	著
二程學管見	張永儁	著
王陽明——中國十六世紀的唯心主 　義哲學家	張君勱原著、江日新中譯	譯
王船山人性史哲學之研究	林安梧	著
西洋百位哲學家	鄔昆如	著
西洋哲學十二講	鄔昆如	著
希臘哲學趣談	鄔昆如	著
中世哲學趣談	鄔昆如	著
近代哲學趣談	鄔昆如	著
現代哲學趣談	鄔昆如	著
現代哲學述評㈠	傅佩榮	編譯
中國十九世紀思想史（上）（下）	韋政通	著
存有‧意識與實踐——熊十力《新唯識論》之 　詮釋與重建	林安梧	著
先秦諸子論叢	康端正	著
先秦諸子論叢（續編）	康端正	著
周易與儒道墨	張立文	著
孔學漫談	余家菊	著
中國近代哲學思想的展開	張立文	著

宗教類

天人之際	李杏邨	著
佛學研究	周中一	著
佛學思想新論	楊惠南	著
現代佛學原理	鄭金德	著
絕對與圓融——佛教思想論集	霍韜晦	著
佛學研究指南	關世謙	譯
當代學人談佛教	楊惠南	編
從傳統到現代——佛教倫理與現代社會	傅偉勳	主編
簡明佛學概論	于凌波	著
修多羅頌歌	陳慧劍	著
禪話	周中一	著

自然科學類

異時空裡的知識追求
——科學史與科學哲學論文集　　　　　　傅　大　為　著

社會科學類

中國古代游藝史
　——樂舞百戲與社會生活之研究　　　　李　建　民　著
憲法論叢　　　　　　　　　　　　　　鄭　彥　棻　著
憲法論衡　　　　　　　　　　　　　　荊　知　仁　著
國家論　　　　　　　　　　　　　　　薩　孟　武　譯
中國歷代政治得失　　　　　　　　　　錢　　穆　著
先秦政治思想史　　　　　梁啓超原著、賈馥茗標點著
當代中國與民主　　　　　　　　　　　周　陽　山　著
釣魚政治學　　　　　　　　　　　　　鄭　赤　琰　著
政治與文化　　　　　　　　　　　　　吳　俊　才　譯
中國現代軍事史　　　　　　劉　馥著、梅寅生譯
世界局勢與中國文化　　　　　　　　　錢　　穆　著
海峽兩岸社會之比較　　　　　　　　　蔡　文　輝　著
印度文化十八篇　　　　　　　　　　　糜　文　開　著
美國的公民教育　　　　　　　　　　　陳　光　輝　譯
美國社會與美國華僑　　　　　　　　　蔡　文　輝　著
文化與教育　　　　　　　　　　　　　錢　　穆　著
開放社會的教育　　　　　　　　　　　葉　學　志　著
經營力的時代　　　　　青野豐作著、白龍芽譯
大眾傳播的挑戰　　　　　　　　　　　石　永　貴　著
傳播研究補白　　　　　　　　　　　　彭　家　發　著
「時代」的經驗　　　　　　　汪琪、彭家發著
書法心理學　　　　　　　　　　　　　高　尚　仁　著
清代科舉　　　　　　　　　　　　　　劉　兆　璸　著
排外與中國政治　　　　　　　　　　　廖　光　生　著
中國文化路向問題的新檢討　　　　　　勞　思　光　著
立足臺灣，關懷大陸　　　　　　　　　韋　政　通　著
開放的多元化社會　　　　　　　　　　楊　國　樞　著
臺灣人口與社會發展　　　　　　　　　李　文　朗　著
日本社會的結構　　　　　福武直原著、王世雄譯

— 3 —

財經文存　　　　　　　　　王作崇　著

財經時論　　　　　　　　　楊道淮　著

史地類

古史地理論叢　　　　　　　錢　穆　著

歷史與文化論叢　　　　　　錢　穆　著

中國史學發微　　　　　　　錢　穆　著

中國歷史研究法　　　　　　錢　穆　著

中國歷史精神　　　　　　　錢　穆　著

憂患與史學　　　　　　　　杜維運　著

與西方史家論中國史學　　　杜維運　著

清代史學與史家　　　　　　杜維運　著

中西古代史學比較　　　　　杜維運　著

歷史與人物　　　　　　　　吳相湘　著

共產國際與中國革命　　　　郭恒鈺　著

抗日戰史論集　　　　　　　劉鳳翰　著

盧溝橋事變　　　　　　　　李雲漢　著

歷史講演集　　　　　　　　張玉法　著

老臺灣　　　　　　　　　　陳冠學　著

臺灣史與臺灣人　　　　　　王曉波　著

變調的馬賽曲　　　　　　　蔡百銓　譯

黃　帝　　　　　　　　　　錢　穆　著

孔子傳　　　　　　　　　　錢　穆　著

宋儒風範　　　　　　　　　董金裕　著

增訂弘一大師年譜　　　　　林子青　編著

精忠岳飛傳　　　　　　　　李　安　著

唐玄奘三藏傳史彙編　　　　釋光中　編

一顆永不殞落的巨星　　　　釋光中　著

新亞遺鐸　　　　　　　　　錢　穆　著

困勉強狷八十年　　　　　　陶百川　著

我的創造‧倡建與服務　　　陳立夫　著

我生之旅　　　　　　　　　方　治　著

語文類

文學與音律　　　　　　　　謝雲飛　著

中國文字學　　　　　　　　潘重規　著

書名	作者	
中國聲韻學	潘重規、陳紹棠	著
詩經研讀指導	裴普賢	著
莊子及其文學	黃錦鋐	著
離騷九歌九章淺釋	繆天華	著
陶淵明評論	李辰冬	著
鍾嶸詩歌美學	羅立乾	著
杜甫作品繫年	李辰冬	編
唐宋詩詞選——詩選之部	巴壺天	編
唐宋詩詞選——詞選之部	巴壺天	編
清眞詞研究	王支洪	著
苕華詞與人間詞話述評	王宗樂	著
元曲六大家	應裕康、王忠林	著
四說論叢	羅盤	著
紅樓夢的文學價值	羅德湛	著
紅樓夢與中華文化	周汝昌	著
紅樓夢研究	王關仕	著
中國文學論叢	錢穆	著
牛李黨爭與唐代文學	傅錫壬	著
迦陵談詩二集	葉嘉瑩	著
西洋兒童文學史	葉詠琍	著
一九八四	Georgf Orwell原著、劉紹銘	譯
文學原理	趙滋蕃	著
文學新論	李辰冬	著
分析文學	陳啓佑	著
解讀現代、後現代 ——文化空間與生活空間的思索	葉維廉	著
中西文學關係研究	王潤華	著
魯迅小說新論	王潤華	著
比較文學的墾拓在臺灣	古添洪、陳慧樺	主編
從比較神話到文學	古添洪、陳慧樺	主編
神話卽文學	陳炳良等	譯
現代文學評論	亞菁	著
現代散文新風貌	楊昌年	著
現代散文欣賞	鄭明娳	著
實用文纂	姜超嶽	著
增訂江皋集	吳俊升	著

孟武自選文集	薩孟武	著
藍天白雲集	梁容若	著
野草詞	韋瀚章	著
野草詞總集	韋瀚章	著
李韶歌詞集	李韶	著
石頭的研究	戴天	著
留不住的航渡	葉維廉	著
三十年詩	葉維廉	著
寫作是藝術	張秀亞	著
讀書與生活	琦君	著
文開隨筆	糜文開	著
印度文學歷代名著選(上)(下)	糜文開	編
城市筆記	也斯	著
歐羅巴的蘆笛	葉維廉	著
移向成熟的年齡──1987〜1992詩	葉維廉	著
一個中國的海	葉維廉	著
尋索：藝術與人生	葉維廉	著
山外有山	李英豪	著
知識之劍	陳鼎環	著
還鄉夢的幻滅	賴景瑚	著
葫蘆‧再見	鄭明娳	著
大地之歌	大地詩社	編
往日旋律	幼柏	著
鼓瑟集	幼柏	著
耕心散文集	耕心	著
女兵自傳	謝冰瑩	著
抗戰日記	謝冰瑩	著
給青年朋友的信(上)(下)	謝冰瑩	著
冰瑩書束	謝冰瑩	著
我在日本	謝冰瑩	著
大漠心聲	張起鈞	著
人生小語(一)〜(四)	何秀煌	著
記憶裏有一個小窗	何秀煌	著
回首叫雲飛起	羊令野	著
康莊有待	向陽	著
湍流偶拾	繆天華	著

文學之旅　　　　　　　　　　蕭傳文 著
文學邊緣　　　　　　　　　　周玉山 著
文學徘徊　　　　　　　　　　周玉山 著
種子落地　　　　　　　　　　葉海煙 著
向未來交卷　　　　　　　　　葉海煙 著
不拿耳朵當眼睛　　　　　　　王讚源 著
古厝懷思　　　　　　　　　　張文貫 著
材與不材之間　　　　　　　　王邦雄 著

美術類

音樂人生　　　　　　　　　　黃友棣 著
樂圃長春　　　　　　　　　　黃友棣 著
樂苑春回　　　　　　　　　　黃友棣 著
樂風泱泱　　　　　　　　　　黃友棣 著
樂境花開　　　　　　　　　　黃友棣 著
音樂伴我遊　　　　　　　　　趙　琴 著
談音論樂　　　　　　　　　　林聲翕 著
戲劇編寫法　　　　　　　　　方　寸 著
戲劇藝術之發展及其原理　　　趙如琳 譯
與當代藝術家的對話　　　　　葉維廉 著
藝術的興味　　　　　　　　　吳道文 著
根源之美　　　　　　　　　　莊　申 著
扇子與中國文化　　　　　　　莊　申 著
水彩技巧與創作　　　　　　　劉其偉 著
繪畫隨筆　　　　　　　　　　陳景容 著
素描的技法　　　　　　　　　陳景容 著
建築鋼屋架結構設計　　　　　王萬雄 著
建築基本畫　　　　　陳榮美、楊麗黛 著
中國的建築藝術　　　　　　　張紹載 著
室內環境設計　　　　　　　　李琬琬 著
雕塑技法　　　　　　　　　　何恆雄 著
生命的倒影　　　　　　　　　侯淑姿 著
文物之美——與專業攝影技術　　林傑人 著